ताज़ाकार

ताज़ाकार

चुनिंदा ग़ज़लों का श्रेष्ठ संकलन

इब्राहीम 'अश्क'

संकलन : सचिन चौधरी

मंजुल पब्लिशिंग हाउस

MANJUL

मंजुल पब्लिशिंग हाउस

कॉरपोरेट एवं संपादकीय कार्यालय

• द्वितीय तल, उषा प्रीत कॉम्प्लेक्स, 42 मालवीय नगर, भोपाल-462 003

विक्रय एवं विपणन कार्यालय

• सी-16, सेक्टर 3, नोएडा, उत्तर प्रदेश, 201301

वेबसाइट : www.manjulindia.com

वितरण केन्द्र

अहमदाबाद, बेंगलुरू, भोपाल, कोलकाता, चेन्नई,
हैदराबाद, मुम्बई, नई दिल्ली, पुणे

ताज़ाकार

कॉपीराइट © 2020 इब्राहीम 'अश्क'
सर्वाधिकार सुरक्षित

यह संस्करण 2020 में पहली बार प्रकाशित

ISBN 978-93-89647-72-3

संकलन : सचिन चौधरी

फ़ेहरिस्त

ग़ज़लें

अह्दे-मआनवीयत का दराज़क़द
फ़नकार – इब्राहीम 'अश्क'

हम सरसरी तौर पर भी दुनिया के मुखतलिफ़ मुमालिक के बाशिंदों पर एक तन्क़ीदी नज़र डालें तो बेझिझक इद्दिआई (दावा) अंदाज़ में कह सकते हैं कि हयातो-कायनात के रुमूज़ो-इसरार को समझने और इंसान की ज़ेहनी और शऊरी कैफ़ियात से वाक़िफ़ होने की चाहत हर दौर में हर शख़्स के दिलो-दिमाग़ में मौजूद रहती है। यही सबब है कि तहज़ीबी इर्तिक़ा के साथ-साथ उलूमो-फ़नून ने भी अह्द-ब-अह्द तरक़्क़ी की मंज़िलें तय की हैं। एक तरफ़ तकनीकी और साइंसी उलूम ने इंसान को मरीख़ो-माह की सैर कराई तो दूसरी तरफ़ फ़नूने-लतीफ़ा ने उन्हें रंगा-रंगी लताफ़त और सरशारी से हमकनार किया। अदब का हर साहिबे-नज़र क़ारी बख़ूबी वाक़िफ़ है कि शेरी और नस्री दोनों असनाफ़े-अदब को तमाम फ़नूने-लतीफ़ा पर सबक़त हासिल है। लिहाजा दुनिया भर में शेरी-अदब तख़लीक़ी होता रहा है और दुनिया के हर बड़े दानिशवर और अदीब ने मुख़तलिफ़ अंदाज में अपनी-अपनी आरा का इज़हार किया है। नस्रो-नज़्म की तफ़रीक़ 'जेम्स स्टीफ़न' के इस क़ौल से वाज़ेह होती है कि "शायरी में एक तब्दीली-ए-हैय्यत तो जरूर होती है यानी यह एक दम नस्र से बदल कर नज़्म हो जाती है।" इस सिलसिले में कलीमुद्दीन अहमद का ख़याल है कि "शेरी मतालिब के लिए नस्र मौजू नहीं।" डिलन टाम्स ने इन दोनों से मुख़तलिफ़ और ग़ौरतलब बात कही है कि "एक अच्छी नज़्म आलम की हैय्यतो-मानी में एक इज़ाफ़े का बाइस होती है।" अगर ज़रा ग़ौर कीजिए तो एक जुमले की मुख़्तसिर सी राय ज़ेहन के बेशुमार दरीचे खोलती है। और इदराक कराती है कि हर अच्छी और मुन्फ़रिद तख़लीक़ अदब से दिलचस्पी रखने वाले तबक़े को मुतास्सिर करती है।

जदीदियत और मुख़्तलिफ़ुन-नौ नज़रिया बाजी के जवाल के बाद जो नस्ल सामने आई, वह निस्बतन होशमंद, पुरएतमाद और तख़लीक़े-अदब के तई ज़िम्मेदार है। इस पीढ़ी के बहुत सारे अबक़री शोअरा ने जो उम्दा ज़बान और अच्छी नस्र लिखने पर क़ादिर हैं, दुनिया-ए-अदब में अपनी जगह महफ़ूज़ कर ली है। उन्हीं में एक ज़हीन, बेबाक, ज़ीरक (दानिशमंद) और बालिग़े-नज़र फ़नकार इब्राहीम 'अश्क' भी शामिल हैं और तक़रीबन पैंतालीस बरसों से एक हमाजहती तख़लीक़कार की तरह बेमिसाल ख़िदमात अंजाम दे रहे हैं।

इब्राहीम 'अश्क' फ़ितरतन नर्म मिजाज, खुश अख़लाक़ और मुख़्लिस इंसान हैं लेकिन फ़िक्रो-फ़न के मुआमलात में इन्तिहाई दयानतदार, ग़यूर, अनापसंद और हक़गो भी हैं। वह मसलिहत की रोशनाई में क़लम डुबोकर इबारतें नहीं लिखते। पत्थर चलाने वालों पर फूलों से जवाबी वार करके पस्पा कर देने का मिसाली आर्ट वह जानते हैं और अपने हक़ीक़ततराज क़लम से तेग़, तबर और ख़ंजर लिखने के बजाय बर्गे-गुल से पत्थर का जिगर चीर देते हैं और लाला-वो-शबनम की आँच से सरख़ैलों (सरदारों) के वजूद को पिघला कर रख देते हैं। इन हक़ाइक़ की तस्दीक़ के लिए उनके बाज़ अशआर पर नज़र मरकूज कीजिए -

वो अगर शाहे-जहाँ है तो क़लंदर हम भी
बारहा पास से गुज़रा उसे पूछा भी नहीं
जहां के कितने ख़ुदा अपने रूबरू अए
अना बुलंद थी इतनी के बात की भी नहीं

ये नाक़िदों से भी जा के कह दो
ग़ज़ल सरापा बदल चुकी है

जहां तरक़्क़ी पसंदो-जदीद ठहर गए
के 'अश्क' आगही अपनी वहां से आगे है

लिक्खा न कोई शेर भी पस्ती के नाम पर
अपना क़लम तो बोल रहा है अना के साथ

क़लम उठा तो लिखा हर्फ़े-जाविदाँ हमने
ख़्याले-दिल की इबादत को मंज़िलें दे दीं

ज़माना पाँव की ठोकर में रक्खा
गुज़ारा हमने हर लम्हा अना से

क़लम हो अपना शमशीरे-बरहना
नई तर्ज़े-अदा में धार रखना

तौसीक़ के लिए नक़लकर्दा अशआर बज़ाहिर सादा बयानियाँ और इद्दिआई अंदाजे-इज़हार के ग़म्माज हैं लेकिन हर शेर में बयानिया की क़ुव्वत, हक़ीक़त निगारी की जौलानी और लबो-लहजा की शगुफ़्तगी तिलिस्मे-होशरूबा की तमसील है। उनकी हक़गोई महज शेरी तअल्ली (बुलंदी) नहीं है बल्कि वह मुश्तइल जज्बा है जो क़दामतपसंदी और बुनियाद परस्ती के क़िलों के छोटे-बड़े बुतों को साथ मुंहदिमो-मिसमार कर देता है और क़ंदीले-फ़िक्रो-फ़न से नई रोशनी अख़ज करके दयारे अदब को अज-सरे-नौ मुनव्वर करता है। उन्हें ग़ज़ल से गहरा लगाव है। लिहाज़ा उसे नीम वहशी, बेहूदा और रवायती सिन्फ़े-शायरी कहने वाले नक़्क़ादों और लकीरें पीटने वाले सुखन साजों को इब्राहीम 'अश्क' ने ग़ज़ल की वुसअतो-अज़्मत की जानिब मुतवज्जे करने के साथ ही नए मजामीने-शेर को अपने ख़ून से सजाकर, ज़िन्दगी की क़ुर्बानी देकर, रंग फूल और खुश्बू से आरास्ता करके नई-नई राहें भी उस्तवार की हैं जिनसे हमअस्र अदीबो-शायर मुस्तफ़ीज़ हुए हैं। इसी क़बील के बाज अशआर के तेवर देखिए -

ऐ ग़ज़ल हमने तेरा हुस्न बढ़ाने के लिए
लफ़्ज़ो-मानी में सजाए हैं मज़ामीन नए

कुछ और इससे भी आगे ते मुझे जाना है
ग़ज़ल को वुसअतो-अज़्मत की मंज़िलें दे दीं

उरूजे-फ़न सरे-अशआर लिखना
ग़ज़ल कहना तो इक मयार रखना

लम्हा-लम्हा है मुझे फ़िक्रे-ग़ज़ल
इस सदी का इक सुख़नवर मुझमें है

इब्राहीम 'अश्क' सिर्फ़ दावे ही नहीं करते बल्कि वह दलाइल भी पेश करते हैं और दूसरों को आईना भी दिखाने के साथ ही अपना इहतेसाब (जाँच-पड़ताल) भी करते हैं। मुहम्मद अलवी ने एतराफ़ किया है कि 'इब्राहीम 'अश्क' ने नए फ़ार्म में जो नई बातें कहीं हैं वो दिल को छूती हैं।' प्रो. मुस्तफ़ा पंजाबी ने अपनी राय यूँ तहरीर की है "अपने कहे को रद्द करना और अज़्मते-फ़न के लिए ख़ुद से हसद करने का शऊर हर किसी को नहीं मिलता। अक्सर शोअरा अपने हर शेर को पत्थर की लकीर समझते हैं और हर्फ़े-आख़िर का दर्जा देते हैं।" इन हक़ाइक़ की रोशनी में इब्राहीम 'अश्क' के सिर्फ़ दो अशआर मन्कूल हैं जो शेरी तअल्ली के इस्तरदाद (रद्द करने) के साथ ही वह नई हक़ीक़त पसन्दी से भी आगाह करते हैं –

अपने ही ऐबो-हुनर की जुस्तजू हर मोड़ पर
ऐ दिले नक़्क़ाद हर्फ़े-आगही किसके लिए

बारहा अपने कहे को आप रद करता रहा
अज़्मते-फ़न के लिए ख़ुद से हसद करता रहा

मुझे यह कहने में कोई तआम्मुल (अन्देशा) नहीं कि ग़ज़ल अपने नए तेवर और नई शिनाख़्त के साथ इब्राहीम 'अश्क' की गिरफ़्त में है और उन्होंने जातो-कायनात के मुतअल्लिक़ात पर क़ाबिले-रश्क अशआर तख़लीक़ किए हैं जो चौंकाने के साथ रिझाते भी हैं और ज़ेहनो-दिल पर अनमिट नुक़ूश मुर्तसिम करते हैं। बिला शुब्हा वह नए अह्द की तख़लीक़ियत, कैफ़ आमेज़ शेरियत और दिलपज़ीर मआनवीयत के नुमाइंदा शायर हैं। सुतूरे-बाला में मज़कूर है कि मैंने उन्हें हमा जहत फ़नकार तस्लीम किया है। इसका सबब यह है कि बाज़ जदीदियत पसन्द शोअरा की तरह सिर्फ़ नज़्म के साथ ही मर्सिया, सलाम, रुबाई, दोहा, मसनवी, क़सीदा, और गीत वग़ैरह भी लिखे। उन्होंने 'साहिर' लुधियानवी की तरह फ़िल्मों और सीरियलों के लिए बड़े दिलकश अदबी अंदाज़ के नग़्मे भी लिखे। उनके बाज़ गीत मसलन 'कहो न प्यार है' और 'मुहब्बत, इनायत करम देखते हैं' वग़ैरह बेहद मक़बूल हुए और उनकी तारिफ़ें 'इक़बाल मतीन' और 'वारिस अलवी' जैसे अह्ले-क़लम हज़रात ने भी की हैं। यहां ज़रूरी है कि मैं उनका कोई दोहा, रुबाई, मर्सिया के बाज़ अशआर नमूनतन पेश करूँ –

साहब हैं अपनी जगह, माँ का अपना मान
फिर साहब को जानना, पहले माँ को जान

इस दोहे में माँ की अज़्मत, बरतरी और मर्तबे का एहसास दिलाया गया है। फ़न्नी लिहाज़ से उनका दोहा मुतैय्यन और मुक़र्ररकर्दा दोहा छन्द में लिखा गया है। यह अहम बात है बाज शोअरा अब भी सिरसी, सार और हरगीतिका छंदों में वजाकर्द मतलानुमा शेर को दोहा तस्लीम करने पर इसरार करते हैं जो सरीहन ग़लत है।

गंजीना-ए-मानी का हुनर लाया हूँ
अल्फ़ाज़ में अंदाज़े-गुहर लाया हूँ

ऐ जुल्मते-तारीख़े-अदब तेरे लिए
दामन में रुबाई के सहर लाया हूँ

रुबाईगोई को हर अह्द के बाकमाल शोअरा ने मुश्किलतरीन सिन्फ़े-सुख़न क़रार दिया है। इब्राहीम 'अश्क' की मुंदर्जाबाला रुबाई से अन्दाजा लगाया जा सकता है कि उन्हें रुबाई निगारी के रुमूजो-अलाइम पर दस्तरस हासिल है और वह बिल्कुल नए अंदाज में तमाम तर शेरी लवाज़िम को बरतते हुई गठी हुई और मरबूत रुबाई तख़लीक़ करने पर क़ादिर हैं और लफ़्ज-लफ़्ज को लवाज़िमे-शेरी से आरास्ता करने का फ़न भी जानते हैं। मुन्दर्जाबाला रुबाई में इस्तेमालकर्दा अल्फ़ाजो-मानी का हुनर, अंदाजे-गुहर, जुल्मते-तारीख़े-अदब और रुबाई के सहर न सिर्फ़ पयकरो-इस्तेआरे के हामिल हैं बल्कि तह-दर-तह मआनवीयत की फ़ज़ा भी क़ायम करते हैं। उनकी रुबाईयत तवज्जो से पढ़ने का मुतालबा करती हैं।

इब्राहीम 'अश्क' ने पाबंद नज़्में भी लिखी हैं और आज़ाद नज़्में भी। उनकी पाबन्द नज़्में 'कच्चा घर', 'स्कूल', 'मेला', 'पीपल' और 'स्टेशन' नई तख़लीक़ियत, बर्जस्ता कलामी और असर आफ़रीं लबो-लहज़ा की मज़हर हैं। इन नज़्मों पर पसंदीदगी का इज़हार करते हुए सुल्तान सुब्हानी ने लिखा है "नज़्म का तास्सुर इतना भरपूर था कि बेसाख़्ता कह उठा कि आप सच कहते हैं और सच लिखते हैं।" इब्राहीम 'अश्क' के मर्सिये का मजमूआ 'कर्बला' है। इसके मुतअल्लिक़ डॉ. नय्यर मसऊद ने लिखा है कि "मर्सिये से कम होती हुई दिलचस्पी के इस माहौल में आपके मजमूए की क़द्र और बढ़ गई है।" प्रो. शमीम हनफ़ी ने फ़रमाया है कि "किताब 'कर्बला' वाक़ई दिलपज़ीर है। बयान का ऐसा सलीक़ा और जबान पर क़ुदरत हर एक के बस की बात नहीं। 'अनीस' के बाद निगाह कहीं ठहर जाए तो यह मामूली या रवारवी का क़िस्सा नहीं हो सकता।" डॉ. खुर्शीद समी इजहारे-राय के सिलसिले में ख़ास मुहतात रहते हैं। वह रक़मतिराज़ हैं "मेरे ही हमअस्र एक खुशफ़िक्र शायर जनाब इब्राहीम 'अश्क' ने मर्सिये को सिन्फ़ को मुंतख़ब करके उसमें नए गुल-बूटे

लगाए हैं।" यहां उनकी बाज़ नज़्मों के इक़्तबासात और मर्सिये के चन्द अशआर बराए-मुलाहिज़ा पेश कर जरूरी है लेकिन मज़मून की तवालत आड़े आ रही है फिर भी एक मर्सिये की, और चन्द सतरें एक नज़्म की मुलाहिज़ा हों -

गुज़ारा है बड़े जोश में तूफ़ान लहू का
सहरा भी नज़र आता है मैदान लहू का

(कर्बला)

यहां कभी तो गुलाब रुत थी
वह मर चुकी है
लहू के मौसम की साज़िशें अब
हर इक दिशा में बिखर चुकी हैं

(लहू का मौसम)

इब्राहीम 'अश्क' वसीउन्नज़र भी हैं और वसीउल-मुताला भी। उन्होंने क्लासिकी अदब को पढ़ा है और उसके अच्छे बुरे दोनों पहलुओं पर तहक़ीक़ी नज़र भी रखी है। उन्होंने 'क़ुली', 'वली', 'मीर', 'ग़ालिब', 'दाग़', 'इक़बाल', 'फ़िराक़', 'फ़ैज', 'जफ़र', और 'यगाना' का तो बाक़ायदा मुताला ही किया है। इसके साथ ही तमाम तरक़्क़ी पसन्द, जदीद और नई नस्ल के मोतबर शोअरा को भी बार-बार पढ़ा है और समझने की सई भी की है।

बवजूह इब्राहीम 'अश्क' की इब्तिदाई तालीम हिन्दी मीडियम में हुई। इस जबान पर कुदरत हासिल करने के बाद उन्होंने संस्कृत ज़बान पर भी दस्तरस हासिल की। उनके अन्दर हर ज़बान का अदबे-आलिया पढ़ने का जौक़ो-शौक़ इस क़दर फ़ुज़ूँ हुआ कि उन्होंने उर्दू के अलावा फ़ारसी और अंग्रेज़ी ज़बानो-अदब का भी मुताला किया। इस ज़िम्न में उन्होंने लिखा है कि 'मैं कह सकता हूँ कि 'कालीदास', 'भर्तरीहरि', 'बेदिल', 'हाफ़िज', 'सादी', मौलाना 'रूम', 'रूसो', बाईरन, 'इलियट', 'वर्ड्सवर्थ', 'तुलसी' 'मीरा', 'कबीर', 'रसख़ान', 'रहीम', 'सूर' को बार-बार पढ़ता रहा हूँ। इतना ही नहीं तन्क़ीदी और अफ़सानवी अदब के अलवा मुग़लिया अह्द की तारीख़ पर भी उनकी गहरी नज़र है। अपना नज़रिया-ए-शेर वाजेह करते हुए वह लिखते हैं 'मैं शायरी को जदीद शोअरा की तरह अल्फ़ाज का गोरखधंधा नहीं समझता। मेरी शायरी इलहामी कैफ़ियत की फ़िक्र, अहसास, अज़्मत, वुसिअत की शीशागरी है। यह बड़ा नाज़ुक काम है। यह काम जिस लफ़्ज को छूता है वह जाविदाँ बन जाता है।"

16

इब्राहीम 'अश्क' को उनकी खुद एतमादी और खुद्दारी ने हमेशा बुलंद रखा है। वह नक़्क़ादों और मुदीरों से मरऊब नहीं होते। उन्हें शान से ज़िन्दा रहने का हुनर मालूम है। वह अब्ने-रवाँ के सरख़ैल अदीबों, नाक़िदों और नामनिहाद फ़नकारों से पंजाकशी के लिए हर दम तैयार रहते हैं। उन्होंने सद फ़ीसद सच्ची बात कही है कि कही है कि "उर्दू में सच बोलने वाले नक़्क़ाद हैं ही कितने? ज़्यादातर मसलिहतपरस्त हैं। उनकी तहरीरकर्दा मज़ामीन 'ग़ालिब और जिगर तिशना', 'इक़बाल के भर्तरीहरि को ख़िराजे-अक़ीदत', 'मौलाना आज़ाद और मुसलमान', 'ग़ज़ल इलेक्ट्रानिक मीडिया और मौसिक़ी", 'नई नस्ल के मआनवी मसाइल', 'नया तख़लीक़ी मंज़रनामा', 'ग़ज़ल पर नया तन्क़ीदी मंज़रनामा' बेहद मालूमाती और लायक़े-इस्तेफ़ादा हैं। उनके मज़ामीन मन्तिक़ी और तदलीली होते हैं और अदब के मौजूआत पर नए अंदाज में ग़ौरो-ख़ौज की दावत देते हैं। अहम बात यह है कि इब्राहीम 'अश्क' जितने अच्छे शायर हैं उतने ही ताज़ाकार नस्रनिगार भी हैं।

मैं आख़िर में यह कहना ज़रूरी समझता हूँ कि वह शेरगो होने के साथ ही शेर फ़हमी के मामले में भी सबक़त हासिल कर चुके हैं। शम्सुर्रहमान फ़ारूक़ी ने 'ग़ालिब' के 339 अशआर की शरह लिखी थी। 'अश्क' ने उनमें से 50 अशआर की तशरीह का मारूजी अंदाज़ में जो तजज़ियाती मुताला लिखा है वह बड़ी अहमियत का हामिल है। मैं उनकी फ़िक्री, फ़न्नी, तन्क़ीदी और तख़लीक़ी सलाहियतों का मौतरिफ़ हूँ कि उनका हुनर ला सानी है।

—'ज़हीर' ग़ाज़ीपुरी

ग़ज़ल का मुन्फ़रिद शायर
इब्राहीम 'अश्क'

इब्राहीम 'अश्क' किसी तआरुफ़ के मोहताज नहीं हैं। दुनिया-ए-इल्मो-अदब में आपका नाम निहायत इज़्ज़तो-एहतेराम के साथ लिया जाता है। फिर वह चाहे हिन्दी साहित्य हो या उर्दू-अदब, कवि सम्मेलन हो या मुशायरा, फ़िल्म हो या टी.वी. सीरियल, समाचार-पत्र हो या पत्रिकाएं हर जगह आपकी उपस्थिति अनिवार्य है। यही वजह है कि हिन्दो-पाक से निकलने वाले सभी पत्र-पत्रिकाओं में आप बहैसियत अदीब, शायर, कहानीकार और तन्क़ीद निगार (समालोचक) निरन्तर शाया हो रहे हैं।

'अश्क' ने नात, हम्द, मन्क़बत, नज़्म, ग़ज़ल, दोहा, रुबाई, मर्सिया, मसनवी, क़सीदा, माहिया सभी अस्नाफ़े-सुख़न (साहित्यिक विधा) में भरपूर तबा आज़माई तो की ही है बल्कि, 'लालन' और 'चहारन' जैसी दो नई विधाओं की ईजाद भी की है। साथ ही साथ उर्दू अदब और हिन्दी साहित्य में भी बेहतरीन मज़मून निगार, अफ़साना निगार, तन्क़ीद निगार, ड्रामा निगार और स्क्रिप्ट राइटर की हैसियत से भी अपने फ़न का लोहा मनवाया है। फ़िल्मों और सीरियलों में यदि आप सफल गीतकारों की पहली पंक्ति में खड़े मिलते हैं तो कवि सम्मेलनों और मुशायरों को चुटकी बजाते लूट लेने का फ़न भी आपको ख़ूब से ख़ूबतर आता है। साहित्यिक एवं अदबी कान्फ्रेंसों में सैकड़ों पर्चे पढ़ चुके हैं तो अभी तक उनके अनगिनत शोध-पत्र भी प्रकाशित हो चुके हैं। हिन्दो-पाक के सभी मशहूर ग़्लूकारों ने उनकी ग़ज़लों, गीतों, एवं नज़्मों को अपनी आवाज़ के जादू से जगाया है और अमेरिका, ब्रिटेन, कनाडा, आस्ट्रेलिया एवं सऊदी अरब जैसे बड़े-बड़े मुल्कों में लाइव्ह शो करके इज़्ज़तो-शोहरत के साथ-साथ धन दौलत भी ख़ूब कमाया है। उनके एक सौ से भी ज़्यादा आडियो-वीडियो कैसेट एवं सी.डी. आज बाज़ार की ज़ीनत बने हुए हैं।

इब्राहीम 'अश्क' की दर्जनों किताबें प्रकाशित होकर मक़्बूले-आम हो चुकी हैं। यही वजह है कि भोपाल, इन्दौर एवं उज्जैन स्थित विश्वविद्यालयों में उनकी शख़्सियतो-फ़न पर विभिन्न शोध-छात्र पीएच.डी. भी कर रहे हैं। विभिन्न साहित्यिक संस्थाओं एवं अदबी अदारों ने उन्हें एज़ाज़ो-इकराम से भी नवाज़ा है साथ ही साथ सर्वश्रेष्ठ फ़िल्म गीतकार की हैसियत से भी उन्हें कई अवार्ड मिल चुके हैं। सहमाई

'रिसाला-ए-इंसानियत', सहमाही 'तक्मील', सहमाही 'अस्बाक़', सहमाही 'इन्तेसाब' माहनामा 'रंगो-बू' एवं कई अन्य पत्रिकाओं ने उन पर गोशे एवं नम्बर भी शाया किए हैं। हिन्दुस्तान के लगभग सभी सरे-फ़िहरिस्त अदीबों एवं नक्क़ादों ने उनके फ़न पर मज़ामीन लिखे हैं तो उनके शेरो-सुख़न (ग़ज़ल, दोहा, रुबाई, मर्सिया एवं नज़्मों) पर अलग-अलग अदीबों ने अलग-अलग तरह से काम भी किया है और किताबी शक्ल में शाया भी किया है।

हिन्दुस्तान की मायानगरी मुम्बई आकर फ़िल्मों की चकाचौंध भाग-दौड़ की ज़िन्दगी और शोहरत पाकर 'शकील' बदायूँनी, 'कैफ़ी' आज़मी, 'साहिर' लुधियानवी और 'मजरूह' सुल्तानपुरी जैसे नामवर शोअरा तक शेरो-अदब से बिल्कुल अलग-थलग हो गए थे। कहने का मतलब यह कि फ़िल्मों में आने तक से पहले जो कुछ भी उनका अदबी सरमाया था बस उसी पर क्यानत करते रहे और उसी को बारी-बारी भुनाते भी रहे। फ़िल्मों से अपार धन, दौलत और इज़्ज़तो-शोहरत तो उन्होंने कमाया मगर शेरो-अदब में जैसे एक ठहराव-सा आ गया। इसके बरअक्स इब्राहीम 'अश्क' फ़िल्मों, टी.वी. सीरियलों एवं म्यूज़िक कम्पनियों से जुड़े रहने के बावजूद भी बदस्तूर शेरो-अदब की ख़िदमात अंजाम दे रहे हैं। फ़िल्म लाइन को तो उन्होंने सिर्फ़ रोजी-रोटी का एक मामूली ज़रिया ही समझा है। उनकी ज़िन्दगी का असल मक़्सद तो सिर्फ़ साहित्य और अदब की ख़िदमत ही है। यही वजह है कि अभी भी वह अदब में फ़आल हैं और नित नए-नए कारनामे अंजाम दे रहे हैं। मैं समझता हूँ कि उनके पहले शेरी मज्मूआ 'इल्हाम' से लेकर 'आगही', 'अलाव', 'कर्बला', 'महफ़ूज मुझे कर लो', 'तन्क़ीदी शऊर', 'मुहाफ़िज़े-मिल्लत अल्लामा इक़बाल', 'अंदाजे-बयाँ और', 'रामजी का दुख', 'अलमास' और 'अल्लाह ही अल्लाह' जितनी भी तसानीफ़ आज तक मंजरे-आम पर आई हैं वह सब के सब फ़िल्मी दुनिया में जुड़ाव का ही नतीजा हैं। जो इस बात की गवाह हैं कि 'अश्क' के तख़लीक़ी सफ़र को फ़िल्मों ने क़तई असर अंदाज नहीं किया। एक से बढ़कर एक सुपरहिट फ़िल्मों में सदाबहार गीत और नग्मे लिखने के बावजूद भी उनमें अदबी ठहराव नहीं आया है और अभी भी वह शेरो-अदब की काकुल संवारने में जी जान से जुटे हुए हैं।

नज़्म हो या ग़ज़ल, दोहा हो या रुबाई, मसनवी हो या मर्सिया, तन्क़ीदी मज़ामीन हों या अफ़साना, हर मैदान में 'अश्क' ने एक से बढ़कर एक मार्का आराई की है। उन्होंने अदब में अपनी एक नई रविश और एक नई पहचान क़ायम की है। यही वजह है कि अपने हमअस्र शोअरा और उदबा में आज उनका नाम सरे-फ़िहरिस्त शुमार किया जाता है। बेपनाह इज़्ज़तो-शोहरत पाने के बावजूद भी उनको गुरूर का शायबा छू तक भी नहीं पाया। छोटे हों या बड़े हर एक के साथ बड़े अख़्लाक़ो-मुहब्बत के साथ मिलना उनका वस्फ़े-ख़ास है। यही वजह है कि जो भी उनसे एक बार मिल लेता है, बार-बार मिलने का मुश्ताक़ रहता है। लोग उन

पर अगर जान न्योछावर करते हैं तो वह भी बदले में अपना दिल निकाल कर उनके सामने पेश कर देते हैं। इब्राहीम 'अश्क' उर्दू-अदब में जितना क़द्दावर नाम है निजी ज़िन्दगी में उतना ही बेहतर इंसान भी हैं। वह इल्म का दरिया हैं जहाँ आकर लोग अपनी अदबी प्यास बुझाते हैं।

'ताज़ाकार' उनका ताज़ा शेरी मज्मूआ (ग़ज़ल संग्रह) है जो बहुत जल्द शाया होकर मंजरे-आम पर आने वाला है। इस मज्मूए को संकलित करने में हमें निहायत खुशी हो रही है कि जनाब इब्राहीम 'अश्क' जैसी अजीम शख़्सियत के साथ मुझे जुड़ने का सुअवसर प्राप्त हुआ। ज्ञातव्य हो कि इससे पूर्व भी मुझे इस सलाका पुरुष की तीन-चार किताबों को संकलित एवं प्रकाशित करने का अवसर प्राप्त हो चुका है। मैं दिल की गहराइयों से उन्हें मुबारकबाद पेश करता हूँ।

—मक़्बूल 'वाजिद'

अपनी बात

'ताज़ाकार' ये मेरी ताज़ातरीन ग़ज़लों का शेरी मजमुआ है। इसका नाम ताज़ाकार इसलिये रखा गया है के तमाम कायनात ही ताज़ा ब ताज़ा के उसूल पर आधारित है। हर लम्हा एक दूसरे से मुख़्तलिफ होने के साथ-साथ ताज़गी से भरपूर होता है। क़ुदरत का यही उसूल इनसानी ज़िन्दगी को हर वक़्त ताज़गी देकर लुत्फ से भरपूर बनाये रखता है। हम देखते हैं, हर सुबह के बाद दोपहर और फिर शाम के बाद रात आती है। हर सुबह एक दूसरे से जुदा, हर दोपहर और रात एक दूसरे से मुख़्तलिफ़ होती है। क़ुदरत की यही रंगीनी ज़िन्दगी को रंगीन बनाये रखती है।

फ़नकार चाहे वह मुसव्विर यानी चित्रकार हो, बुततराश हो, संगीतकार हो, या शायर, वह हमेशा अपने फ़न को नए से नया बना कर, उसे सजा-संवार कर पेश करने की कोशिश करता है, उसकी यही ताज़ाकारी ही उसके अच्छे, बड़े या अज़ीम फ़नकार होने का सबूत पेश करती है। ऊँचे परबत से गिरते हुए झरनों का लुत्फ़ देने वाला ताज़ापन, बहती हुई नदियों का, समुन्दर की मचलती मौजों और लहराती फ़सलों और खिलते हुए फूलों की ताज़गी के तमाम मंज़र दुनिया को हसीन, दिलकश और रंगीन बनाये रहते हैं। जिसके मधुर और सुरीले गीत परिंदे चहचहा कर गाते हैं, संगीतकार नग़्में छेड़ते हैं और शायर अल्फ़ाज की सरगम में ग़ज़लें छेड़ कर एक नई तारीख़ लिखते हैं। इल्म-ओ-अदब को फ़रोग देते हैं, तहज़ीब और तमद्दुन में इज़ाफ़ा करते रहते हैं। इसके लिए सबसे पहली शर्त ताज़ाकारी है :-

खुदा की देन है तख़लीक़े-हुस्न का जज़्बा
सब अपने फन से ज़माने में गुल खिलाते हैं

खुदा ने ज़मीनो-आसमान, दो जहान की तख़लीक़ की है वो उसी बंदे को तख़लीक़ की सलाहियत देता है जिसे अपना ख़ास बंदा समझता है। आपने कई बड़े-बड़े विद्वान देखे होंगे लेकिन वो शायरों की तरह ग़ज़ल या कविता नहीं कह सकते जबकि किसी कम पढ़े लिखे को भी अगर खुदा ने तख़लीक़ की सलाहियत दी है तो वो बड़ी आसानी से शेर कह सकता है। इस खुदा की दी हुई सलाहियत को हम दैवी प्रतिभा भी कह सकते हैं। इल्मो-फ़न की एक बड़ी ख़ूबी यह भी है कि वह अपने आप वक़्त के साथ आबो-हवा की तरह ताज़ा होता चला जाता है। हमारे देश भारत

में तख़लीक़ के अमल की शुरुआत वेदों और पुराणों से हुई है। जिनमें ज़िन्दगी और हमारे समाज के गूढ़ रहस्य और गहरे अर्थ छुपे हुए हैं। उस समय की भाषा संस्कृत थी, उसके बाद कई बरसों बाद इसी परम्परा को संस्कृत के विद्वानों और कवियों ने आगे बढ़ाया जिनमें कालीदास और भर्तृहरी के नाम ख़ासतौर से लिये जाते हैं। कालीदास का नाटक शकुंतला और कविता मेघदूत अमर रचनाएँ हैं। इसी तरह भर्तृहरी के तीन शतक में उन्होंने तमाम दुनिया के दर्शन को पेश कर दिया है। हर शतक में सौ–सौ श्लोक हैं और हर श्लोक एक कोहिनूर पत्थर से भी ज्यादा क़ीमती और अनमोल है। इनके नाम हैं...

1.श्रंगार शतक 2. नीति शतक 3. वैराग्य शतक।

संस्कृत शायरी की यही परम्परा हमारी हिन्दी भाषा तक। और अरबी फ़ारसी की परम्परा उर्दू ग़ज़ल तक पहुँची और बहते हुए दरिया की तरह ताज़ाकार होती चली गई, हजरत अमीर खुसरो ने हिन्दी और फ़ारसी के मिलाप से एक ऐसी गंगा जमनी धारा को प्रवाहित किया के हमारे देश की आत्मा बोल उठी...

छाप तिलक सब छीनी रे मोसे नैना मिलाय के...
गौरी सोवे सेज पर मुख पर डारे केस...
सगरी रैन सुहाग की जागी पी के संग...

हज़रत अमीर खुसरो ने अपने फ़ारसी कलाम, उर्दू ग़ज़ल, हिन्दी दोहों, पहेलियों, मुकरनियों के अलावा लैला-मजनूँ, चार दरवेश, शीरीं फ़रहाद जैसी अमर रचनाओं से शायरी और साहित्य के अलावा भारतीय संगीत के ताल छंद और राग-रागनियों को मालामाल कर दिया। साढ़े सात आठ सौ साल गुज़र जाने के बाद भी हज़रत अमीर खुसरो के कलाम, रागों और 17 तालें जो उनकी ईजाद हैं उनमें आज भी पहले ही दिन के जैसी ताज़ाकारी मौजूद है। और यही वजह है के भारतीय संस्कृति की आत्मा में वो रचे बसे हुवे हैं। उन्होंने सितार और तबले जैसे साज़ के अलावा ज्यामेट्री में भी अपना हुनर दिखाया। क़लम के अलावा वो तलवार के भी धनी थे, कई जंगों में शरीक हो कर उन्होंने अपने जौहर भी ख़ूब दिखाए। कहते हैं उन्होंने अपनी ज़िंदगी में कई बादशाहों का ज़माना देखा और दिल्ली के दरबारियों में उनका ख़ास मुक़ाम रहा। हज़रत अमीर खुसरो के चार सौ साल बाद मीर तक़ी 'मीर', 'सौदा', 'ग़ालिब', 'मोमिन', 'ज़ौक़', मीर अनीस और 'दाग़' देहलवी का ऐसा सुनहरी दौर आया जब तमाम आसमाने-इल्मो-अदब, चाँद, सूरज और सितारों से जगमगा उठा और तारीख़ के अनेक यादगार और शानदार बाब लिखे गए जो आज भी जगमगा

रहे हैं और हमेशा जगमगाते रहेंगे। ये कारवाँ जब आगे बढ़ा तो 'असगर' गोंडवी, 'जिगर' मुरादाबादी, 'फ़ानी' बदायूंनी, यगाना चंगेजी, अल्लामा इक़बाल की एक-एक तवील कहकशां हमें रौशन और ताबनाक नज़र आती है। ये तमाम क़लमकार अपने दौर में ताज़ाकार रहे और सबने अपने अपने नए संगेमील क़ायम किए।

फिर एक इंक़लाब तरक़्क़ी पसंद तहरीक का आया जिसने शायरी, अफ़साना, तनक़ीद और इल्म ओ अदब की तमाम विधाओं को बदल कर रख दिया। लेकिन जल्द ही यह तहरीक सियासत की शिकार होकर दम तोड़ गई और इसकी प्रतिक्रिया में जदीद नस्ल उभर कर सामने आई जो कुछ नया करने के चक्कर में यहाँ वहाँ भटकने लगी और यह भटकाव लायानीयत यानी अर्थहीनता तक जा पहुँचा, और तब इसी जदीद नस्ल के भटकाव से सबक़ हासिल कर एक नई नस्ल ने जन्म लिया जिसने अपने इल्मो-अदब का आधार मानी-ओ-मफ़हूम पर रखा और मैंने उसे मानवियत की नस्ल का नाम दिया। मेरा ताल्लुक़ भी मानवियत की इसी नई नस्ल से है।

जहाँ तक मेरी शायरी का सवाल है, मैंने आला अदब की तख़लीक़ के लिए अपनी इस इमारत की बुनियाद 4 अहम सुतूनों पर रखी है। पहला सुतून है फ़िक्रो-ख़याल की वुसअत और अज़मत, दूसरा सुतून है, मानी और मफ़हूम की गहराई या अर्थपूर्ण चिंतन, तीसरा सुतून है ज़बानो-बयान की है ज़बानो-बयान की सादगी और दानिशवरों जैसा तिलिस्म जो दिलों को मुतास्सिर किए बिना न रह सके। और चौथा अहम सुतून है फ़नकाराना महारत और हुनरमंदी। इसके अलावा मैंने अपनी शायरी में इस बात का भी ख़ास ख़याल रखा है कि आपकी सोच में कहीं भी कोई मनफ़ी यानी निगेटिव ख़याल परवान न चढ़ने पाए। आपका कलाम एक हौसलामंद ज़िन्दगी से जद्दोजेहद करने वाले इंसान की कामरानियों का सरचश्मा होना चाहिए। वह ज़िन्दगी की कामयाबी की दास्तान होना चाहिए, हार और पस्ती का रोना-धोना न हो। चंद अशआर पेशे-ख़िदमत हैं।

ये हाथ जिनकी लकीरें मिटी-मिटी सी हैं
पड़ा है वक़्त तो परबत उठाए हैं क्या-क्या

इक कायनात ग़म की जो बिखरी हुई मिली
मैंने उसे समेट के आँसू बना लिया

तेरी ज़मीं से उठेंगे तो आसमाँ होंगे
हम ऐसे लोग ज़माने में फिर कहाँ होंगे

सूरज तो मेरे ज़ख़्म से लेता है रौशनी
आता है रोज सुब्ह मुझे ढूँढता हुआ

मैं ही दरिया मैं ही तूफ़ाँ, मैं ही था हर मौज भी
मैं ही ख़ुद को पी गया सदियों से प्यासा मैं ही था

मुंफ़रिद है मेरा अंदाजे-नज़र दुनिया से
'अश्क' ताज़ा मेरा अन्दाज़े-बयाँ रहता है

'ताज़ाकार' में पूरी कोशिश की है मैंने कि फ़िक्रो-ख़याल की ताज़ाकारी और हुस्नो-कमाल की रंगीनी बरक़रार रहे। उम्मीद है मेरा ये कलाम इल्मो-अदब की कसौटी पर खरा उतरेगा और इसे बार-बार पढ़ा जाएगा। आख़िर में अपने ही एक शेर पर अपनी बात मुकम्मल करता हूँ...

शेर मेरा है बरंगे-गुले-सद-बर्गे-चमन
देखने वाले ने हर लुत्फ़े-नज़र से देखा

—इब्राहीम 'अश्क'

ग़ज़लें

1.

दुनिया में रंगो-नस्ल के चर्चे बहुत हुए
हल कुछ नहीं हुआ है तमाशे बहुत हुए

सच्चे ख़ुदा के नाम पे कुछ भी न हो सका
झूटे ख़ुदा के नाम पे सजदे बहुत हुए

मंज़िल कोई नहीं है किसी की निगाह में
सब कारवाँ सफ़र में हैं रस्ते बहुत हुए

अब कोई रहनुमा नहीं आएगा दोस्तो
जो आए उनके साथ ही धोके बहुत हुए

बहता है आजकल भी लहू बेगुनाह का
उसके ख़िलाफ़ शहर में जलसे बहुत हुए

भटके हुए हैं लोग अंधेरों में आजकल
होने को 'अश्क' यूँ तो उजाले बहुत हुए

2.

देखा तो कोई और था, सोचा तो कोई और
जब आ के मिला और था, चाहा तो कोई और

उस शख़्स के चेहरे में कई रंग छुपे थे
चुप था तो कोई और था, बोला तो कोई और

दो-चार क़दम पर ही बदलते हुए देखा
ठहरा तो कोई और था, सोचा तो कोई और

तुम जान के भी उसको न पहचान सकोगे
अनजाने में वह और था, जाना तो कोई और

उलझन में हूँ खो दूँ, कि उसे पा लूँ करूँ क्या
खोने पे वो कुछ और था, पाया तो कोई और

दुश्मन भी है हमराज़ भी, अनजान भी है वह
क्या 'अश्क' ने समझा उसे, वो था तो कोई और

3.

हर शेर पर है मुहरे-मुहब्बत लगी हुई
मेरी ग़ज़ल है मेरे लहू से सजी हुई

सुन के मेरी सदाएं, महकते फिरोगे तुम
हर बोल में है प्यार की ख़ुशबू बसी हुई

सोएगा क्या वो जिसको तेरा इन्तेज़ार है
बस आहटों पे आँख लगी है खुली हुई

शोले हैं उस तरफ़ तो इधर भी हैं बिजलियाँ
दोनों तरफ़ है आग बराबर लगी हुई

बाँटा है वो ख़ुलूस[1] जहाँ में कि क्या कहें
लेकिन न इस ख़ज़ाने में कोई कमी हुई

ये और बात है कि ज़माना न सुन सका
टूटा है दिल किसी का तो आवाज़ भी हुई

---

1. मोहब्बत

४.

गया वो तोड़ के दिल को तो फिर पता न मिला
हमें हमारी वफ़ाओं का कुछ सिला न मिला

बस एक ग़म ही रहा ज़िन्दगी का सरमाया
ख़ुशी का साथ तो जैसे कभी मिला न मिला

चले तो हमको कई मंज़िलों ने घेर लिया
हुजूम[1] ऐसा लगा था कि रास्ता न मिला

जिए तो ऐसे कि ख़ुद ज़िन्दगी को रश्क[2] हुआ
कोई भी हम सा ज़माने को दूसरा न मिला

सिखाई हमने मुहब्बत हर एक ज़र्रे[3] को
बस एक तेरे सिवा कोई बेवफ़ा न मिला

हमारी, आपकी दोनों की एक क़िस्मत है
हमें सनम न मिला, आपको ख़ुदा न मिला

ये दिल संभल भी गया 'अश्क' चोट खा के मगर
वो धड़कनें न मिलीं, उनका सिलसिला न मिला

---

1. भीड़ 2. ईर्ष्या 3. कण

5.

किसी को अपना बना लें किसी पे मर जाएँ
ये हादसा ही सही इससे बस गुज़र जाएँ

तलाश है कि नए ज़ख़्म कोई दे जाएँ
पुराने ज़ख़्म अगर इस तरह से भर जाएँ

रहे-वफ़ा में कुछ ऐसे भी मोड़ आते हैं
किसी की आँख में डूबें तो पार उतर जाएँ

नसीब लाए हैं दुनिया में फूल जैसा हम
तमाम ख़ुश्बू लुटा कर यूँ ही बिखर जाएँ

जो सोचता है नज़र से हमें गिराने की
उसी के दिल में किसी दिन न हम उतर जाएँ

हम ऐसे लोग जहन्नुम[1] से जो नहीं डरते
ये सोचते हैं कि किस हौसले से घर जाएँ

गुज़र रही है यूँ ही 'अश्क' ज़िन्दगी अपनी
तड़प रहे हैं कि कुछ काम हम भी कर जाएँ

---

1. नरक

6.

चराग़ बुझने लगे अंजुमन से यार चले
कहो कि अब न इधर बादे-नौ-बहार[1] चले

हमीं पे ख़त्म हो अफ़साना हाय जाने-वफ़ा
हमारे नाम ही से ज़िक्रे-यारो-दार[2] चले

ज़मीन हो गई फ़िरदौस[3] आसमाँ वाले
ये कैसे आदमे-ख़ाकी के कारोबार चले

अब इतनी पास कहाँ बस्तियाँ मुहब्बत की
कि अपने घर से उठे और कूए-यार चले

बस एक उनकी तमन्ना के बाद कुछ भी नहीं
जरा सी बात पे हम ज़िन्दगी गुज़ार चले

जहाने-इश्क़ में रखनी थी उसकी बात हमें
जो हमको जीत गया हम उसी को हार चले

जिधर निगाह उठाई उधर ही थी मंज़िल
तलाशे-शौक़ में हम फिर भी बार-बार चले

---

1. बहार की नई हवा 2. फाँसी के तख़्ते की बात 3. स्वर्ग

7.

ज़िन्दगी की राह में ये हौसला अपना भी है
आँधियों के दरम्याँ जलता दिया अपना भी है

तेज चलती है तो चलने दो कि डर हमको नहीं
सर उठाने का पुराना सिलसिला अपना भी है

शोला-ए-जाँ का सफ़र तो है मकाँ से लामकाँ[1]
बर्क़ जैसा एक जलवा जा बजा अपना भी है

बेसरो-सामाँ नहीं हैं ऐ जहाने-बेख़बर
दिल का इक पूरा नगर उजड़ा हुआ अपना भी है

हैं ज़मीं वाले मगर है आसमाँ तक रस्मो-राह
अर्श[2] पे बैठे ख़ुदा से राब्ता अपना भी है

ख़ामुशी छाई हुई है अह्ले-फन की बज़्म में
मिस्ले-बुलबुल दिल मगर नग़्मा-सरा अपना भी है

लम्हा-लम्हा अह्दे-नौ में 'अश्क' बर्गे-वक़्त[3] पर
एक हर्फ़े-मोतबर लिक्खा हुआ अपना भी है

---

1. असीमित 2. आसमान 3. समय के पत्ते पर

8.

जहाँ मैं हूँ हवा चारों तरफ़ है
के अब मेरी सदा चारों तरफ़ है

निगाहे-कम न उसको ढूँढ पाई
जहाँ में तो ख़ुदा चारों तरफ़ है

उसी की लाज रखता आ रहा हूँ
वो जो मेरी अना चारों तरफ़ है

संभल कर साँस लेना हर क़दम पर
कि ज़हरीली फ़ज़ा चारों तरफ़ है

न डर है मुझको ग़म की आँधियों का
मेरी माँ की दुआ चारों तरफ़ है

हर इक दिल है कि भीगा जा रहा है
मुहब्बत की घटा चारों तरफ़ है

सुख़न में 'अश्क' ये कोशिश है अपनी
नई तर्ज़े-अदा चारों तरफ़ है

9.

जब्ते-वफ़ा ने क़ाबिले-दीदार कर दिया
मुझ में लगी वो आग कि शहकार[1] कर दिया

हर इक क़दम पे मेरी अना[2] ने संभाल कर
आलम[3] में मुझको साहिबे-किरदार कर दिया

अपने ही घर में बैठ के ऐसा लगा मुझे
तन्हाईयों ने बेदरो-दीवार कर दिया

हम ज़िन्दगी गुजार रहे हैं कुछ इस तरह
हर साँस जैसे वक़्त ने तलवार कर दिया

कुछ लोग अपनी जान लुटा कर चले गए
लेकिन तमाम क़ौम को बेदार[4] कर दिया

नादानियों में ऐसे हुए दिल पे हादसे
ऐ इश्क़ तूने हमको समझदार कर दिया

अपने लहू से सींच दिया मिसरा-ए-ग़ज़ल
हमने बुलन्द शेर का मैयार कर दिया

---

1. मशहूर 2. स्वाभिमान 3. दुनिया 4. जागृत

10.

दुनिया लुटी तो दूर से तकता ही रह गया
आँखों में घर के ख़्वाब का नक़्शा ही रह गया

उसके बदन का लोच था दरिया की मौज में
साहिल से मैं बहाव को तकता ही रह गया

दुनिया बहुत क़रीब से उठ कर चली गई
बैठा मैं अपने घर में अकेला ही रह गया

वो अपना अक्स भूल के जाने लगा तो मैं
आवाज़ दे के उसको बुलाता ही रह गया

हमराह उसके सारी बहारें चली गईं
मेरी ज़बाँ पे फूल का चर्चा ही रह गया

कल रात कोई ख़्वाब में आकर चला गया
बिस्तर पे मेरे नूर बरसता ही रह गया

कुछ इस अदा से आ के मिला हम से 'अश्क' वो
आँखों में जज़्ब[1] हो के सरापा[2] ही रह गया

---

1. मिश्रित 2. सिर से पैर तक

11.

मोती चुने हैं फिर भी ख़ज़ाने में कुछ न था
इस अज़्मते-शऊर[1] के धंधे में कुछ न था

पैदा किए हैं मैंने ज़मीं-आसमाँ तमाम
सच बात तो है ये मेरे विरसे में कुछ न था

परवाज़े-बालो-पर[2] से ही पहचान उसकी थी
वरना ज़रा सी जान परिन्दे में कुछ न था

इक-एक करके सारे ही रिश्ते उजड़ गए
तन्हाई के सिवा मेरे हिस्से में कुछ न था

जितनी भी दिलकशी थी, वो रूहे-रवाँ से थी
चिडिया उड़ी तो क़ीमती पिंजरे में कुछ न था

हमने बहुत ही डूब के की है सुख़नवरी
ये फ़न है वो कि जिसके किनारे में कुछ न था

मैं था तो अक्स कितने ही मौजूद हो गए
ऐ 'अश्क' वरना आईना ख़ाने में कुछ न था

---

1. बुध्दि की महानता 2. परी की उड़ान

12.

रात भर तन्हा रहा दिन भर अकेला मैं ही था
शहर की आबादियों में अपने जैसा मैं ही था

मैं ही दरिया, मैं ही तूफ़ाँ, मैं ही था हर मौज भी
मैं ही ख़ुद को पी गया, सदियों से प्यासा मैं ही था

किस लिए कतरा के जाता है मुसाफ़िर दम तो ले
आज सूखा पेड़ हूँ, कल तेरा साया मैं ही था

कितने जज़्बों की निराली ख़ुश्बुएँ थीं मेरे पास
कोई इनका चाहने वाला नहीं था, मैं ही था

दूर ही से चाहने वाले मिले हर मोड़ पर
फ़ासले सारे मिटाने को तड़पता मैं ही था

मेरी आहट सुनने वाला दिल न था दुनिया के पास
सबकी आहट, सबकी धड़कन सुनने वाला मैं ही था

दिल ये आवारा किसी मंज़िल पे ठहरा ही नहीं
रास्ते में 'अश्क' बे मक़्सद जो भटका मैं ही था

13.

सरापा ख़्वाब होकर रह गया हूँ
मैं अब नायाब होकर रह गया हूँ

मेरी संजीदगी है लम्हा-लम्हा
सदी का बाब, होकर रह गया हूँ

सितारे चूमते हैं पाँव मेरे
कोई महताब होकर रह गया हूँ

जहाँ में उड़ रही है गर्द मेरी
बहुत बेताब होकर रह गया हूँ

समन्दर ढूँढ़ता फिरता है मुझको
दुर्रे-नायाब होकर रह गया हूँ

झुका हूँ यूँ तेरे शानों पे जानाँ
मैं इक मेहराब होकर रह गया हूँ

चला कतरा के सूरज 'अश्क' मुझसे
मुकम्मल ताब[1] होकर रह गया हूँ

---

1. चमक

14.

शीशे का आदमी हूँ मेरी ज़िन्दगी है क्या
पत्थर हैं सब के हाथ में, मुझको कमी है क्या

अब शहर में वो फूल से चेहरे नहीं रहे
कैसी लगी है आग ये बस्ती हुई है क्या

मैं जल रहा हूँ और कोई देखता नहीं
सब कुछ है सबके पास मगर बेबसी है क्या

तुम दोस्त हो तो मुझसे ज़रा दुश्मनी करो
कुछ तल्ख़ियाँ न हों तो भला दोस्ती है क्या

ऐ गर्दिशे-तलाश, न मंज़िल, न रास्ता
मेरा जुनूँ है क्या, मेरी आवारगी है क्या

ख़ुश हो के हर फ़रेब ज़माने का खा लिया
ये दिल ही जानता है कि दिल पर बनी है क्या

दो बोल दिल के हैं जो हर इक दिल को छू सकें
ऐ 'अश्क' वरना शेर हैं क्या, शायरी है क्या

15.

तेरी ज़मीं से उठेंगे तो आसमाँ होंगे
हम ऐसे लोग ज़माने में फिर कहाँ होंगे

चले गए तो पुकारेगी हर सदा हमको
न जाने कितनी ज़बानों से हम बयाँ होंगे

लहू-लहू के सिवा कुछ न देख पाओगे
हमारे नक़्शे-क़दम इस क़दर अयाँ होंगे

समेट लीजिए भीगे हुए हर इक पल को
बिखर गए जो ये मोती तो रायगाँ होंगे

उचाट दिल का ठिकाना किसी को क्या मालूम
हम अपने आपसे बिछड़े तो फिर कहाँ होंगे

हैं अपनी मौज के बहते हुए समुन्दर हम
तमाम दश्ते-जुनूँ[1] में रवाँ-रवाँ होंगे

ये बज़्मे-यार है क़ुर्बान जाइए इस पर
सुना है 'अश्क' यहाँ दिल सभी जवाँ होंगे

---

1. पागलपन का जंगल

16 .

तलब की राह थी और बेतकान चलना था
पहाड़ सर पे उठाए मुझे निकलना था

हर एक पल नई तर्ज़े-अदा थी जीने की
ज़माना बदले न बदले मुझे बदलना था

रुतों से पहले नए ख़्वाब बुन चुका था मैं
सफ़ीरे-वक़्त से आगे मुझे निकलना था

मुझे तो लग़्ज़िशे-पा नागवार ठहरी है
गवारा कब हुई ठोकर कि जब संभलना था

न मैं शरारा[1], न सूरज, न था चराग़ कोई
मगर ये आतिशे-अहसास[2], जिसमें जलना था

तमाम उम्र मेरे हाथ से निकलती रही
कहाँ वो लम्हा-ए-जावेद जिसमें ढलना था

बुलाते रह गए कितने ही सायादार शजर
मुझे न 'अश्क' सरे-रहगुज़र बहलना था

---

1. चिंगारी 2. अग्नि की तपन

17.

आश्ना मिलते नहीं, अह्ले-वफ़ा मिलते नहीं
शह्र है आबाद लेकिन दिलरुबा मिलते नहीं

किससे हम यारी करें, किससे निभाएं दोस्ती
सैकड़ों में एक-दो भी ख़ुशनवा मिलते नहीं

बस्तियों की बस्तियाँ ही आजकल वीरान हैं
अब गली-कूचों में वो क़ातिल-अदा मिलते नहीं

हम परस्तारे-वफ़ा बनकर अकेले रह गए
ये मगर अच्छा हुआ, अब बेवफ़ा मिलते नहीं

हमख़याली है ज़रूरी गुफ़्तगू के वास्ते
हमसफ़र मिलते हैं लाखों हमनवा मिलते नहीं

सब बुजुर्गों से दुआ लेने की तहज़ीबें मिटीं
इसलिए राहों में अब अह्ले-वफ़ा मिलते नहीं

'अश्क' अपने दौर का हमसे करिश्मा पूछिए
राहज़न मिलते हैं सारे, रहनुमा मिलते नहीं

18.

वुसअत[1] को मेरी सरहदे-अफ़लाक[2] भी कम है
हर गुंबदे-आलम पे मेरा नक़्शे-क़दम है

जो हर्फ़ भी लिक्खा है बहुत सोच के लिक्खा
हर आन मुझे पासे-हुनर, पासे-क़लम है

मैं जब भी गिरा अपने ही क़दमों में गिरा[3] हूँ
सर मेरा किसी ग़ैर के आगे नहीं ख़म है

ये किसने रगे-जाँ को छुआ नर्म लबों से
दिल डूब गया आप ही और आँख भी नम है

हर रुत ने सुना है मेरा अफ़साना-ए-हस्ती
हर दर्द मेरा बर्गे-बहाराँ पे रक़म है

ख़ुश हूँ कि मुझे जौहरे-अहसास मिला है
आता है तरस उन पे जिन्हें बार ये ग़म है

गुमराह न होने दिया इस दिल की सदा ने
ऐ 'अश्क' दरे-दिल ही मेरा बाबे-हरम है

---

1. फैलाव 2. आसमानों की सीमा 3. झुकाव

19.

मैं हर मक़ाम से गुज़रा सफ़र न ख़त्म हुआ
बहुत तवील सफ़र था, सफ़र न ख़त्म हुआ

कई सराब[1], कई दश्त पार कर तो लिए
ठहर के आगे जो देखा, सफ़र न ख़त्म हुआ

तमाम अर्ज़ो-समाँ[2] एक कर के बैठे हैं
मगर ये राहे-वफ़ा का, सफ़र न ख़त्म हुआ

समझ रहे थे कि मंज़िल है दो क़दम आगे
चले तो एक क़दम का, सफ़र न ख़त्म हुआ

तमाम उम्र मिटाए हैं फ़ासले फिर भी
ये दिल में दिल का ज़रा सा, सफ़र न ख़त्म हुआ

हर एक मोड़ से इक रास्ता निकलता है
किसी भी मोड़ पे अपना, सफ़र न ख़त्म हुआ

चले हैं अज़्मतो-फ़िक्रो-हुनर[3] के दौर कई
कहीं भी 'अश्क' ग़ज़ल का, सफ़र न ख़त्म हुआ

---

1. मृग तृष्णा 2. ज़मीन–आसमान 3. कला और चिंतन की महानता

20.

अना ने टूट के कुछ फ़ैसला किया ही नहीं
बयान अपना कभी मुद्दुआ किया ही नहीं

हर एक शख़्स को इंसान ही रखा हमने
कि आदमी को नज़र में ख़ुदा किया ही नहीं

बस एक बार ही तोड़ा जहाँ ने अह्दे-वफ़ा
किसी से हमने फिर अह्दे-वफ़ा किया ही नहीं

कई दिशाओं से गुज़रा है कारवाने-हयात
ठहर के दिल को कहीं मुब्तिला किया ही नहीं

पहाड़ ज़ुल्मो-सितम के हँसी में काट दिए
अदाए-नाज़ से कोई गिला किया ही नहीं

छुआ जिसे भी वही लफ़्ज बन गया तारीख़
कि बेअसर कोई जुम्ला अदा किया ही नहीं

तमाम उम्र संवारा ग़ज़ल की दुनिया को
कि 'अश्क' हमने कुछ इसके सिवा किया ही नहीं

21.

सुबह के परिन्दे की इक उड़ान मैं भी हूँ
शाम के परिन्दे की इक थकान मैं भी हूँ

धूप-धूप अंगारे, लू के वो सितम सारे
दोपहर की शिद्दत का इक बयान मैं भी हूँ

चाँद, तारे और जुगनू, ख़ामुशी-व-तारीकी
सोई-जागी रातों की दास्तान मैं भी हूँ

इस तरफ़ भी सदियाँ हैं, उस तरफ़ भी सदियाँ हैं
आते-जाते लम्हों के दरमियान मैं भी हूँ

दश्त हो कि सहरा हो, शहर हो कि वीराना
इक ज़मीन पर ठहरा आसमान मैं भी हूँ

कोई दर भी खुलता है, खुलते हैं दरीचे भी
कोई मुझमें रहता है, इक मकान मैं भी हूँ

हर क़दम पे बस जाना, हर क़दम उजड़ जाना
आप अपने अंदर ही, इक जहान मैं भी हूँ

22.

सीप में आँखों की या दिल के ख़ज़ानों में रहो
गौहरे-नायाबें[1] हो तो क़द्रदानों में रहो

ख़ामुशी भी इक जुबाँ है ये समझने के लिए
ऐ जुबां वालो कभी तो बेजुबानों में रहो

नग़्मा-ए-गुल का मज़ा सेहरा में मिल सकता नहीं
बुलबुलो, इसके लिए तो गुलिस्तानों में रहो

ज़िन्दगी के वास्ते मेहरो-वफ़ा भी चाहिए
चन्द लम्हे दोस्तों में, मेहरबानों में रहो

तुम परस्तारे-मुहब्बत हो तो है लाज़िम तुम्हें
हर्फ़े-आख़िर बन के दिल की दास्तानों में रहो

गिर रही है बर्क़ हर इक आशियाँ पर आजकल
ऐ परिन्दो, अब न अपने आशियानो में रहो

शायरी तो इक नई तख़लीक़े-कायनात[2] है
'अश्क' इस फ़न के लिए कुछ तो दिवानों में रहो

---

1. क़ीमती मोती 2. दुनिया का निर्माण

23.

बुनियाद संभाली, कभी दीवार संभाली
इक दिल की इमारत थी, कई बार संभाली

सर अपना झुकाया न किसी शाह के आगे
हर बार अना ने मेरी दस्तार संभाली

जाने न दिया हाथ से जीने के हुनर को
पतवार जो छूटी है तो मंझधार संभाली

इक उम्र गुज़र जाने पे महसूस हुआ है
ये ज़िन्दगी बेकार थी, बेकार संभाली

तलवार रखी और क़लम को जो उठाया
तलवार से बढ़ कर कोई तलवार संभाली

रक्खी तेरी तस्वीर कलेजे से लगाकर
ये चीज़ ही ऐसी है के हर बार संभाली

लोगों ने तो गिर-गिर के फ़लक[1] सर पे उठाया
नादान थे हम दौलते-मैयार संभाली

ऐ 'अश्क' संभलने न दिया हमको जहाँ ने
बस इतना किया, अजमते-किरदार संभाली

---

1. आसमान

24.

चुटकी भर अहसास ने हमको मार दिया
एक ज़रा सी प्यास ने हमको मार दिया

अब के बरस भी ज़ख़्मों ही के फूल खिले
अब के भी मधुमास ने हमको मार दिया

जंगल का बनवास तो फिर भी अच्छा था
शहरों के बनवास ने हमको मार दिया

ऊँची उड़ानें और परिन्दा अपना मन
सारे खुले आकाश ने हमको मार दिया

अंधे होकर चले तो ठोकर खा बैठे
यारों के विश्वास ने हमको मार दिया

किससे मिलना था, किससे मिल आए हैं
अपनी आस-निराश ने हमको मार दिया

सारी-सारी रात किसी की याद आई
रिमझिम सावन-मास ने हमको मार दिया

खूब लिखी कविता देखो इक मूरख ने
फ़िक्रे-कालीदास ने हमको मार दिया

25.

सहरा में गुलकारी पैदा करते हैं
धूप में हम फुलवारी पैदा करते हैं

एक इबादत अपनी भी हैं बरसों से
ग़ज़लों में फ़नकारी पैदा करते हैं

इल्मो-हुनर की फ़सलें रोज़ नहीं उगतीं
हम ये बारी-बारी पैदा करते हैं

सबकी बातें अच्छी लगती हैं लेकिन
हम तो बात हमारी पैदा करते हैं

कितने सादा हैं, कितने नादान हैं हम
दुनिया से, दिलदारी पैदा करते हैं

शोहरत की है भूक अदब में जिसको, वो
नई-नई बिमारी पैदा करते हैं

आग लगा देते हैं हँसती बस्ती में
लीडर जो बेदारी[1] पैदा करते हैं

लिखते हैं दिल छूने वाली बातें हम
'अश्क' जहाँ से यारी पैदा करते हैं

---

1. जागृति

26.

अपने हाथों से कट गई दुनिया
कितने हिस्सों में बंट गई दुनिया

आदमी जल रहे हैं शहरों में
आग से फिर लिपट गई दुनिया

हादसा जैसे हो गया पुल पर
रेल जैसी उलट गई दुनिया

कोई सदियों पुराना काग़ज़ है
वक़्त के साथ फट गई दुनिया

उम्र की बात करने निकली थी
रास्ते से पलट गई दुनिया

साथ देती नहीं किसी का भी
वक़्त आने से छट गई दुनिया

अस्ल मानी कभी नहीं समझी
सारा क़ुरआन रट गई दुनिया

जिस क़दर आज है ये फैली हुई
'अश्क' उतनी सिमट गई दुनिया

27.

ज़माने से मुहब्बत कर रहा हूँ
न छेड़ो, मैं इबादत कर रहा हूँ

ज़रा सी वो हया[1] करने लगे हैं
ज़रा सी मैं शरारत कर रहा हूँ

उसे चाहा तो ये लगने लगा है
मैं दुनिया पर हुकूमत कर रहा हूँ

बदल दूँगा मैं ये माहौल सारा
बजा है, जो मैं जुर्रत[2] कर रहा हूँ

बुज़ुर्गों से दुआएँ चाहता हूँ
रिवायत[3] से बग़ावत कर रहा हूँ

इनायत जब से उनकी हो रही है
ख़ुदा की मैं ज़ियारत कर रहा हूँ

नमाज़े-फ़िक्रो-फ़न, क्या पूछते हो
जहाँ की मैं इमामत[4] कर रहा हूँ

ग़ज़ल में 'अश्क' अपनी है बुलंदी
मगर अब भी रियाज़त कर रहा हूँ

---

1. शर्म 2. दुस्साहस 3. परम्परा 4. सरदारी

28.

हटा कर मौजे-दरिया, रख रहा हूँ
तलब कोई हमेशा, रख रहा हूँ

बरसता एक बादल हूँ मैं लेकिन
सलीक़ा मोतियों का, रख रहा हूँ

क़दम हर एक मंज़िल पर है लेकिन
मैं आगे फिर भी रस्ता, रख रहा हूँ

तुम्हारे नाम पर सौतेले भाई
मैं अपना सारा हिस्सा, रख रहा हूँ

चुना है बस तुझे, मेरी तलब ने
तेरे बदले में दुनिया रख रहा हूँ

लिखे हैं वक़्त के अवराक़ मैंने
नई तारीख़े-दुनिया, रख रहा हूँ

झुका है दिल भी सर के साथ मेरा
अनोखा एक सज्दा रख रहा हूँ

ग़ज़ल के शेर में ऐ 'अश्क' अपने
सदी का इक ख़ज़ाना रख रहा हूँ

29.

अदब में ऊँचे दर्जे वाली होती है
फ़िक्रो-फ़न की बात मिसाली होती है

जिन लोगों में होता है दीवानापन
उनकी तो हर अदा निराली होती है

सच्चाई क्या उठ सकती है दुनिया से
ये ख़ुश्बू तो डाली-डाली होती है

जिसके दिल में प्यार के दीपक जलते हैं
उसकी तो हर रोज़ दीवाली होती है

बेअदबी जो लोग अदब में करते हैं
उनकी हर तख़लीक़[1] ही गाली होती है

हँस देता है राय वो सुनकर लोगों की
जिसने हर इक मंज़िल पा ली होती है

कितनी आसानी से सब कह देते हैं
शायर की तो बात ख़याली होती है

हर एक सादा बात में भी है तहदारी
'अश्क' तेरी तो फ़िक्र भी आली होती है

---

1. रचना

30.

अपने आप से दूर निकल भी जाता हूँ
इस बेदर्द जहाँ से टल भी जाता हूँ

दिल में इक चिंगारी रोज भड़कती है
अन्दर ही अन्दर में जल भी जाता हूँ

ख़ातिर में कब लाता हूँ मैं शाहों को
यार से मिलने सर के बल भी जाता हूँ

बहुत बुलन्दी से गिरना तो पड़ता है
गिरते-गिरते मगर संभल भी जाता हूँ

मुझसे मिलकर खुश होते रह जाओगे
ऐसी हँसी चेहरे पर मल भी जाता हूँ

उलझे-उलझे लोग मिले सब राहों में
मैं जीने का देकर हल भी जाता हूँ

कभी-कभी दो-चार क़दम भी मुश्किल है
मंज़िल-मंज़िल कभी उछल भी जाता हूँ

मुल्के-ग़ज़ल में कई हसद[1] के मारे हैं
'अश्क' नज़र में उनकी खल भी जाता हूँ

---

1. ईर्ष्या

31.

आसमाँ ता आसमाँ लिखता चलूँ
वुसअतों की दास्ताँ लिखता चलूँ

दोनों आलम हैं मेरे अफ़्क़ार[1] में
यानी फ़िक्रे-दो जहाँ लिखता चलूँ

बेज़ुबाँ क्यों हैं शफ़क़[2] और ये धनक
इन पे मैं उर्दू ज़बाँ लिखता चलूँ

यूँ करूँ सैराब सहरा-ए-हुनर
रेत पर आबे-रवाँ लिखता चलूँ

मैं कि कोई बर्गे-आवारा सही
बादे-नौ पर रक़्से-जाँ लिखता चलूँ

बंदिशों में कब रहा अपना ख़याल
जो लिखूँ सब बेकराँ लिखता चलूँ

इक किताबे-ज़िन्दगी है अपना फ़न
कुछ यहाँ तो कुछ वहाँ लिखता चलूँ

वक़्त के औराक़ हैं सादा बहुत
'अश्क' हर्फ़े-जाविदाँ[3] लिखता चलूँ

---

1. सोच 2. क्षितिज 3. अमर शब्द

32.

कैसे-कैसे गीत सुनाने आए हैं
हम तो इक इतिहास बनाने आए हैं

करते हैं बरसों से सागर-मंथन हम
मुश्किल से कुछ हाथ ख़ज़ाने आए हैं

लम्हा-लम्हा दर्द सहा है सदियों का
कभी-कभी मौसम भी सुहाने आए हैं

हँसते-हँसते हमने सच ही बोल दिया
हम जैसों को कहाँ बहाने आए हैं

सुन ही लेगी ख़ाक किसी दिलवाले की
दश्त में हम आवाज़ लगाने आए हैं

जिनके घर भेजे थे फूल मुहब्बत के
मेरे घर जो आग लगाने आए हैं

दौलते-फ़न जो हमको ख़ुदा ने बख़्शी है
हम तो उसका क़र्ज़ चुकाने आए हैं

सच पूछो तो 'अश्क' बहुत हैं संजीदा
हम तो ग़ज़ल की लाज बचाने आए हैं

33.

ख़ाली जेब है लेकिन दिल की दौलत बहुत ज़ियादा है
ये भी एक अदा है इसमें, राहत बहुत ज़ियादा है

बिकने वाले बिक जाते हैं, हमको कौन ख़रीदेगा
हम ठहरे अनमोल, हमारी क़ीमत बहुत ज़ियादा है

उसके घर-आँगन में जाकर, हमको ये मेहसूस हुआ
दुनिया जैसे मंज़र कम हैं, जन्नत बहुत ज़ियादा है

प्रेम नगर की पगडंडी पर चलना भी है इक जोखिम
ये वो डगर है जिसके अंदर परबत बहुत ज़ियादा है

मिल-जुल कर रहना था, लेकिन हुए पड़ौसी कैसे हम
प्यार-मुहब्बत भूल गए हैं, नफ़रत बहुत ज़ियादा है

पल दो पल का मिलना उसका, ये सरमाया बढ़ता जाए
इल्म है ऐसी चीज़ कि जिसमें, बरकत बहुत ज़ियादा है

ज्ञान-ध्यान की कठिन तपस्या और मन अपना है जोगी
ये वो धुन है जिसमें ख़ुदा की क़ुदरत बहुत ज़ियादा है

मेरी ग़ज़ल में है मिट्टी की ख़ुश्बू सब पहचान गए
'अश्क' सभी कहते हैं इसमें भारत बहुत ज़ियादा है

34.

करेगी याद ये दुनिया, वो बाब[1] लिखता हूँ
मैं अपने रंजे-सफ़र की किताब लिखता हूँ

तुम अपनी आँखें रखो खोल कर जहाँ वालो
तुम्हारे नाम पे मैं अपने ख़्वाब लिखता हूँ

गुज़र गए जो बड़ा काम करके दुनिया से
क़लम से अपने मैं उनका जवाब लिखता हूँ

मेरी ग़ज़ल में नई फ़िक्र है ज़माने की
हर एक शेर में सौ इंक़लाब लिखता हूँ

वो एक फूल सा चेहरा, वो होंट बर्ग-नुमा
कभी कंवल तो, कभी मैं गुलाब लिखता हूँ

ग़मे-हयात की रातें भी जिससे हैं रौशन
उसी के चेहरे को मैं आफ़ताब लिखता हूँ

क़लन्दरी में गुज़ारी है ज़िन्दगी अपनी
लुटा हूँ कितना, कहाँ ये हिसाब लिखता हूँ

ये मेरी राय नहीं, राय अह्ले-फ़न की है
हुनर से अपने, ग़ज़ल कामयाब लिखता हूँ

---

1. अध्याय

35.

ज़बाने-अह्ले-सितम जब दराज़ होती है
कुछ और मेरी वफ़ा सरफ़राज होती है

ज़मीं पे अब भी झुकाता हूँ अपने सर को मैं
मक़ामे-अर्श पे मेरी नमाज़ होती है

समझ सका न वो नादान, मेरी फ़ितरत को
क़लंदरों की अदा बेनियाज़ होती है

चले तो गर्दे-सफ़र ने बिछाए जाल बहुत
रविश हमारी मगर कारसाज़ होती है

कभी फ़रेबे-सियासत में हम नहीं उलझे
जो बात हमने कही, दिलनवाज होती है

ये कायनात[1] मुहब्बत से झूम उठती है
सदा हमारी बसद बज़्मे-नाज़ होती है

मिलाए हमसे नज़र, जा के संगे-दिल से कहो
नज़र हमारी बहुत जाँगुदाज़ होती है

ग़ज़ल में 'अश्क' सरापा किसी की है तस्वीर
ये बात वो है जो पहलू में राज़ होती है

---

1. दुनिया

36.

चले तो राहे-वफ़ा में कहीं रुका न गया
पलट के पीछे क़दम एक भी रखा न गया

बहुत ही तेज़ है रफ़्तार अह्दे-हाज़िर की
पलक झपकते ही लगता है इक ज़माना गया

वो एक हर्फ़ कि जिसमें हो दास्ताने-वफ़ा
हर इक ने चाहा लिखे, आज तक लिखा न गया

हम ऐसे लोग सितारे शुमार क्या करते
के जिनसे दिल का धड़कना कभी गिना न गया

कभी-कभी तो फ़लक छू के लौट आए हैं
वो दिन भी देखे कि गज भर उड़ें, उड़ा न गया

न अपने बस में रही ज़िन्दगी कभी अपनी
कि लाख मिटना भी चाहा मगर मिटा न गया

जले तो जलते रहे, जल के राख होने तक
किसी दिए की तरह जल के फिर बुझा न गया

रखा बुलन्द हमेशा अना की गर्मी ने
किसी के आगे कभी 'अश्क' से झुका न गया

37.

छेड़ी है जब से हमने हक़ीक़त बयानियाँ
शर्मिन्दा हो गई हैं पुरानी कहानियाँ

गुज़रे हैं जिस तरफ़ से चमकते हैं रास्ते
छोड़ी हैं हमने अपने क़दम की निशानियाँ

शहरों में अब बनाएं जो ऊँची इमारतें
दीवारो-दर पे लिख दें मुहब्बत की बानियाँ

हैं मस्त अपने हाल में मत छेड़ ऐ जहाँ
हम पर नहीं चलेंगी तेरी हुक्मरानियाँ

लोगों ने साथ छोड़ दिया बीच राह में
काम आई मुश्किलों में, मेरी जाँफ़िशानियाँ

सदियों तलक ख़मीर उठा जिसकी ख़ाक का
हम वो बला हैं तुम न हमें सहल जानियाँ

रंगीन होते जाते हैं नींदों के क़ाफ़िले
आने लगी हैं ख़्वाब में ऐसी जवानियाँ

मोती जड़े हैं हर्फ़ के हमने ख़याल में
ग़ज़लों में आम करते हैं जादू बयानियाँ

38.

जब   फ़रेबे-ज़िन्दगी   खाना   पड़ा
मुद्दतों   इस   दिल   को   तड़पाना   पड़ा

उनसे   मिल-मिलकर   बिछड़   जाना   पड़ा
होश   खोकर   होश   में   आना   पड़ा

कितनी   वहशत   में   गुज़ारी   ज़िन्दगी
तब   कहीं   ये   नाम   दीवाना   पड़ा

दिल   के   सारे   ज़ख़्म   जब   मिटने   लगे
उसके   कूचे   में   मुझे   जाना   पड़ा

आँख   पुरनम   और   लब   प्यासे   बहुत
इक   भरा,   इक   ख़ाली   पैमाना   पड़ा

मैं   हरम   को   जाते-जाते   रुक   गया
रास्ते   में   जब   सनमख़ाना   पड़ा

अब   कहाँ   जुल्फ़े-परेशाँ   है   तेरी
देर   से   ख़ाली   मेरा   शाना   पड़ा

हाफ़िज़ो-ग़ालिब   ने   छोड़ा   था   जिसे
'अश्क'   वो   क़िस्सा   ही   दोहराना   पड़ा

39.

रोज़   बिखरा है लहू, काग़ज पर
शेर   बनता है लहू, काग़ज पर

एक तारीख़ नई लिख दी है
जब भी छलका है लहू, काग़ज पर

आँख   देखे तो लहू बरसाए
हाय, कैसा है लहू, काग़ज़ पर

लाल   ही लाल हैं अल्फ़ाज मेरे
इक ख़ज़ाना है लहू, काग़ज़ पर

फ़िक्रो-मानी ने अजब रंग दिया
ख़ूब चमका है लहू, काग़ज़ पर

ज़िन्दगी   की है यही सच्चाई
लम्हा-लम्हा है लहू, काग़ज़ पर

मेरी   तहरीर वो पढ़कर बोले
दर्द जैसा है लहू, काग़ज़ पर

'अश्क' जैसे हो सहर[1] की लाली
रंग लाया है लहू, काग़ज़ पर

———————

1. सुबह

40.

रंजिशें लाख सही बात भी करते रहना
रूठ कर उनसे मुलाक़ात भी करते रहना

इससे पहले कि वो चुप साध ले पत्थर की तरह
बातों-बातों में सवालात भी करते रहना

देर तक जागता रहता है कोई रातों में
तुम दरीचे से इशारात भी करते रहना

इख़्तिलाफ़ात[1] अगर है तो कोई बात नहीं
उनसे कुछ पुरसिशे-हालात भी करते रहना

माँगने वाले को दे देना, दो आलम अपने
इश्क़ में इतनी सी ख़ैरात भी करते रहना

दुश्मनों से वो मिले हैं तो उन्हें मिलने दो
अपने वालों से मगर बात भी करते रहना

सिलसिला इश्क़ का टूटे न किसी मौसम में
कोई तो वजहे-मुलाक़ात भी करते रहना

प्यास होंटों पे लिए बैठी है दुनिया सारी
तुम जरा प्यार की बरसात भी करते रहना

---

1. मतभेद

हर क़दम जाँ से गुज़रते, उम्र पूरी हो गई
इश्क़ में बस आह भरते, उम्र पूरी हो गई

चार क़दमों का सफ़र था घर से अपने क़ब्र का
ये सफ़र तय करते-करते, उम्र पूरी हो गई

आसमाँ पर ले गई हमको तो पहली ही उड़ान
जब तलक नीचे उतरते, उम्र पूरी हो गई

ज़िन्दगी जीने का अरमाँ दिल ही दिल में रह गया
सच तो ये है मरते-मरते, उम्र पूरी हो गई

हमने भी फ़सलें उगाई थीं कई एहसास की
बूटा-बूटा रंग भरते, उम्र पूरी हो गई

वो बिछड़ कर क्या गया आया न फिर से राह में
याद उसको करते-करते उम्र पूरी हो गई

घर के सारे आईनों पर गर्द जम कर रह गई
इक ज़रा हमको संवरते, उम्र पूरी हो गई

उनकी आँखों के समुन्दर देखकर डूबे थे हम
डूब कर जब तक उभरते, उम्र पूरी हो गई

42.

सफ़र में गर्द मिली सिर का ताज ही न मिला
किसी के दिल पे हमें अपना राज ही न मिला

वो लोग सारे ही शैतान या फ़रिश्ते हैं
कि आदमी का हमें तो समाज ही न मिला

मिले जो हमसे वो अच्छे बहुत ही अच्छे थे
ख़राब हम थे कि अपना मिज़ाज ही न मिला

उसे उड़ान ही भरने से कब मिली फ़ुर्सत
फ़लक से आया तो मुट्ठी अनाज ही न मिला

मिला है माज़ी[1] के बेनक़्श कोई मुस्तक़बिल[2]
तड़प के रह गए हमको तो आज ही न मिला

मिला जो दिल से उसी से हमें बिछड़ना था
के साथ चलने का हमको रिवाज ही न मिला

हर एक लम्हा गुज़ारा है इश्क़ में हमने
जहाँ में इसके सिवा और काज ही न मिला

तमाम उम्र ख़लाओं[3] की सैर की हमने
सुख़न में 'अश्क' कोई और काज ही न मिला

---

1. भूतकाल 2. भविष्य 3. अंतरिक्ष

43.

लगाई देर बहुत उसने आह भरने में
मज़ा न आया मुझे टूटने-बिखरने में

फ़रेब देती रही मुझको एक परछाई
कटी ये उम्र किसी को तलाश करने में

न इतनी जल्द ये सोचो, वो शख़्स डूब गया
कि वक़्त लगता है, तूफ़ान से उभरने में

अजब गली थी कि उसमें हज़ारों जंगल थे
भटक गया मैं हर एक राह से गुज़रने में

पलट-पलट के उसी मोड़ पर चला आया
मिला न कोई जहाँ इन्तेज़ार करने में

खड़ा रहा मैं अलग भीड़ से हमेशा ही
खिंचा-खिंचा सा रहा रस्मो-राह करने में

मिज़ाज अपना तो ऊँची उड़ान वाला है
फ़लक भी पाँव के नीचे रखा बिफरने में

गुबारे-राह में इक दिल कहीं पे छूट गया
कि याद आया नहीं भूलने-बिसरने में

44.

बेसबब दामन भिगोना आ गया
बात करते-करते रोना आ गया

खेलता रहता है मेरे दिल से वो
हाथ में उसके खिलौना आ गया

बैठे-बैठे उठके चल देते हैं हम
इश्क़ में बेताब होना आ गया

उसको पाना था मगर पाया नहीं
ये हुआ कि ख़ुद को खोना आ गया

आँसुओं में ढल गया दिल का लहू
इस लहू से मुँह भी धोना आ गया

जब छुआ उसका बदन तो यूँ लगा
हाथ में मिट्टी के सोना आ गया

चाँद सा चेहरा, सितारे बाल में
रात को मोती पिरोना आ गया

लहलहा उठ्ठी हैं फ़सले शेर की
'अश्क' तुमको बीज बोना आ गया

45.

बातों में शोले की लपक भी रखते हैं
दुश्मन से मिलने में लचक भी रखते हैं

जब भी पाँव समेटे दुनिया सिमटी है
मंज़िल वरना दूर तलक भी रखते हैं

दिल रखते हैं चाहत वाला सीने में
और वफ़ा की एक धनक भी रखते हैं

वो चेहरे जो सूरज बनकर डूब गए
हम आँखों में उनकी चमक भी रखते हैं

दिल के दर्द का एक समुन्दर जिनमें है
वो मोती हम पलक-पलक भी रखते हैं

जिससे हाथ मिलाएं उसको महका दें
अपने अंदर ऐसी महक भी रखते हैं

वरक़-वरक़ तारीख़ के जैसा रौशन है
शेर में अपने नई चमक भी रखते हैं

अपने क़द को 'अश्क' कोई क्या नापेगा
पाँव के नीचे एक फ़लक भी रखते हैं

46.

रहा वो दूर न दौराने-गुफ़्तगू आया
मिज़ाज पूछने वाला न रूबरू आया

रहा ख़याल मुझे तेरी पाकबाज़ी का
मैं तेरे सामने हर्गिज़ न बेवुजू आया

न जाने कितने ही दरिया की प्यास थी मुझको
वो शख़्स मेरे लिए लेके आबजू आया

तेरी निगाह न पड़ जाए ज़ख़्मे-ताज़ा पर
इसी लिए तो मैं करके उसे रफ़ू आया

उठी थी आह मेरे दिल से ही दिल में तेरे
ज़रा सी देर में अर्शे-बरीं[1] को छू आया

ज़मीनो-आसमाँ सब छान कर मैं बैठा हूँ
कहाँ-कहाँ न तेरी करके जुस्तजू[2] आया

चला गया था वहाँ अम्न ढूँढने लेकिन
बचा के दैरो-हरम[3] से मैं आबरू आया

हुआ है दिल के खण्डर में कोई चराग़ाँ सा
बहुत दिनों से मेरे यार आज तू आया

ग़ज़ल जो कहने लगा 'अश्क' तो हुआ मेहसूस
हर एक लफ़्ज़ में जैसे कोई लहू आया

---

1. सबसे ऊँचा आसमान 2. तलाश 3. मंदिर मस्जिद

47.

कोई झोंका जो मेरी याद के गुलदान में आया
बहुत दिन बाद फिर इक शख़्स अपने ध्यान में आया

कभी जो मुद्दतों में हमने देखा घर का आईना
तो अपना अक्स भी हमको नहीं पहचान में आया

किसी दिन तो गुनहगारों की महफ़िल में चले जाएं
ख़याल ऐसा भी अपने इस दिले-बेईमान में आया

हर एक को उसकी ज़िद के सामने झुकना पड़ा आख़िर
कभी जो इश्क़ लेकर हौसला मैदान में आया

जिसे हम शायरी कहते हैं वो मौजे-दिलो-जाँ है
वही लिक्खा है मैंने जो मेरे विजदान में आया

यही अंदाज़ है उस आश्ना के आने-जाने का
कभी वो आरजू में और कभी अरमान में आया

सुना है बारहा मैंने उसे तन्हाई में अपनी
सुकूते-शब में नग़्मे की तरह वो कान में आया

इबादत में तो हस्ती को मिटा देना ही पड़ता है
यही फ़रमान उसका तो मेरे इरफ़ान[1] में आया

मेरे चारों तरफ़ जंगल की जैसे आग भड़की थी
के उसके हिज्र[2] में कैसा मैं आतिशदान में आया

---

1. ज्ञान प्राप्त होना 2. वियोग

48.

जो अपने घर से निकला नहीं था
जहाँ मेरे लिए बदला नहीं था

बहुत देखे हैं मैंने चाँद-सूरज
मेरे दिल में कोई उजला नहीं था

नज़र के सामने बदले ज़माने
चलन मेरा मगर बदला नहीं था

ग़रीबों में पला मासूम बच्चा
खिलौने देखकर मचला नहीं था

उड़ाया ठोकरों में सबने उसको
जो ठोकर खा के भी संभला नहीं था

सिखाया प्यार करना दुश्मनों को
मेरा बदला कोई बदला नहीं था

रुका तो मील के पत्थर के जैसा
चला तो मैं कहीं फिसला नहीं था

वजूद अपना था इक चट्टान जैसा
बरंगे-मोम जो पिघला नहीं था

बनाया इश्क़ ने दीवाना सबको
कोई इस हद तलक पगला नहीं था

49.

जिसे भी देखिए रिश्ते बदलता रहता है
ज़माना रोज़ ही चेहरे बदलता रहता है

वो छोड़ता नहीं गिरती हुई हवेली को
हर एक ईद पे पर्दे बदलता रहता है

कभी है गर्दिशे-दौराँ, कभी है मौजे-बहार
ख़ुदा भी सबके सितारे बदलता रहता है

जिसे कोई भी ज़माना बदल नहीं पाया
वो शख़्स ही तो ज़माने बदलता रहता है

उथल-पुथल सी मची है तमाम दुनिया में
ये वक़्त अपने इरादे बदलता रहता है

रहा न एक ही मंज़िल पे देर तक मैं भी
मेरा मिज़ाज जज़ीरे बदलता रहता है

भटक गया है वही शख़्स अपनी मंज़िल से
यहाँ-वहाँ से जो रस्ते बदलता रहता है

हर एक बार जो करता है इक नई तख़लीक़
ख़यालो-फ़िक्र के साँचे बदलता रहता है

ख़ुदा भी 'अश्क' अजब वक़्त का मुसव्विर है
वरक़-वरक़ वो सुनहरे बदलता रहता है

50.

उम्र भी ख़ाक दरे-इश्क़ की छानी हमने
क़द्र फिर भी न ग़मे-यार की जानी हमने

उसकी आँखों से भी अश्कों को छलकते देखा
आज पत्थर का जिगर कर दिया पानी हमने

रोज़ इक ज़ख़्म नया दे के गई है दुनिया
फिर भी चाहा हे उससे हार न मानी हमने

मौजे-दरिया की तरह बह के निकल जाते हैं
रह के चट्टानों में सीखी है रवानी हमने

सारी दुनिया में वो मेहबूबे-नज़र है अपना
जिसकी देखी है सरे-अर्श[1] निशानी हमने

ये अलग बात के देखा न पलट कर तूने
तेरे राहों में लुटा दी है जवानी हमने

हमने हर साँस नई तर्ज़ से जीना सीखा
दिल से हर बात भुला दी है पुरानी हमने

आज फिर फूल की मानिन्द चुने लफ़्ज़ नए
आज फिर ग़म को दिए हैं कई मानी हमने

एक एहसास में सौ रंग की तस्वीरें हैं
'अश्क' कुछ ऐसे लिखी दिल की कहानी हमने

---

1. आसमान पर

51.

नशे में हो के जो आए थे चूर, खो बैठे
मिली जो उनसे नज़र तो सुरूर, खो बैठे

ये माहताब, ये जुग्नू, चराग़ और अंजुम[1]
इक आफ़ताब जो आया तो नूर, खो बैठे

किसी की सादा दिली ने असर वो दिखलाया
बड़े-बड़े भी जहाँ में ग़ुरूर, खो बैठे

कभी तो देख गुनहगार बन के ऐ ज़ाहिद[2]
अजब मज़ा है के हम जिसमें हूर[3], खो बैठे

बलंदियाँ तेरी नादानियों में वो देखीं
शऊर वाले भी अपना शऊर खो बैठे

कलीम[4] ज़िद में तिरी देख क्या दिखाया है
जरा से जलवे में हम अपना तूर, खो बैठे

लिखा गया न कोई लफ़्ज़ शान में उसकी
कभी क़लम तो कभी हम सुतूर, खो बैठे

ज़रा सी इश्क़ में लग्ज़िश गिराँ गुज़रती है
था उसको खोने में अपना क़ुसूर, खो बैठे

हमारे पास मुहब्बत का इक ख़ज़ाना था
उसे भी करके उससे बहुत दूर, खो बैठे

---

1. तारे 2. तपस्वी 3. स्वर्गबाला 4. बातचीत करने वाला

52.

उसे न देख सके सोगवार होते हुए
के जिसको देखा हमेशा बहार होते हुए

तमाम उम्र उसी ने हमें तो तड़पाया
जो तीर दिल में रहा, दिल के पार होते हुए

न जाने कौन-सी दीवार रोकती ही रही
किया न प्यार उसे, हमने प्यार होते हुए

अजीब खेल है ये भी मुहब्बतों वाला
ख़ुशी से झूम उठे हम शिकार होते हुए

बड़े मज़े से मिलाता है इश्क़ मिट्टी में
के हमने देखा है ख़ुद को मज़ार[1] होते हुए

गए तो जा के पलट आए उसकी राहों से
न इन्तेज़ार किया, इन्तेज़ार होते हुए

सफ़र का हाल तो इतना है क्या सुनाएँ हम
तमाम दश्त में बिखरे गुबार होते हुए

नज़र मिला न सके उससे और चले आए
गली से प्यार की हम शर्मसार होते हुए

कभी फ़लक से शिकायत कोई न की हमने
उठा रखा है उसे सर पे बार होते हुए

---

1. समाधि

53.

वो जो इक शख़्स मेरा हमदमे-देरीना[1] है
मेरी सूरत के लिए आलमे-आईना है

मैं जो कहता हूँ हक़ीक़त वो मेरे आज की है
मैं जो सुनता हूँ वो इक क़िस्सा-ए-पारीना[2] है

चढ़ता जाता हूँ हर इक लम्हा नज़र में उसकी
दरम्याँ उसके मेरे इश्क़ का इक ज़ीना है

तेरी तक़लीद[3] में अच्छा न बुरा कुछ देखा
आँख होते हुए आशिक़ तेरा नाबीना है

रात आती है तो सजता है सितारों से फ़लक
यूँ ही रोशन मेरे ज़ख़्मों से भरा सीना है

उससे मैंने ही कहा था कि बिछड़ जा लेकिन
उम्र भर ज़हरे-ग़मे-इश्क़ मुझे पीना है

आज के दौर में बदले हैं वफ़ा के अंदाज़
है अली बाबा कोई और न मर्ज़ीना है

आ ज़रा दुश्मने-जानी तू गले मिल हमसे
तेरे दिल से भी निकल जाएगा जो कीना[4] है

'अश्क' मयख़ाना अलग है ये मेरा दुनिया से
फ़िक्र का जाम तसव्वुर का कोई मीना है

---

1. पुराना मित्र 2. पुराना क़िस्सा 3. नक़ल 4. खोट

54.

किया है काम मुहब्बत में यूँ क़रीनों से
किए बुलन्द कई आसमाँ ज़मीनों से

वो इस तरह से तसव्वुर में आ रहे हैं मेरे
उतर रही हो कोई धूप जैसे ज़ीनों से

लरज़ गया मैं उन आँखों में देखकर[1] आँसू
लगी है ठेस मेरे दिल को आबगीनों से

ये कैसी रंजिशे-बेजा है मिल न पाएं मगर
पुकारता है उसे दिल कई महीनों से

शफ़क़ किया है फ़लक को वफ़ा परस्तों ने
लहूलुहान तड़पाती हुई जबीनों[2] से

ज़बाने-ज़ख़्म से लिक्खा है हाले-दिल अपना
सजा दिया है हर एक शेर को नगीनों से

हमारे दिल में ख़ुदा का मक़ाम है यारो
कहो ये मस्जिदो-मिम्बर के सेरबीनों[3] से

पनप रहे थे जो हासिद मेरी पनाहों में
झटक दिया है उन्हें अपनी आस्तीनों से

मिला दिया है उन्हें हमने अर्शे-आज़म से
इक एक शेर निकाले हैं जिन ज़मीनों से

---

1. पानी का बुलबुला 2. मस्तक 3. सैर करने वाले

55.

कठिन राहों पे चलना आ गया है
मुझे गिरकर संभलना आ गया है

तड़पना हो गया आसान, जब से
मुझे करवट बदलना आ गया है

जली है कायनाते-दिल कुछ ऐसे
सरापा मुझको जलना आ गया है

सलीक़ा सीखती है मौजे-दरिया
मुझे जब से मचलना आ गया है

जो देखी जीत मेरी दुश्मनों ने
उन्हें भी हाथ मलना आ गया है

करिश्मा है मेरी रफ़्तार का ये
हवाओं को भी चलना आ गया है

रहें हुशियार सारे दश्तो-सहरा
मुझे घर से निकलना आ गया है

बदलते वक़्त की देखीं जो नज़रें
मुझे दुनिया बदलना आ गया है

है मेरे दर्द का भी मोल अब तो
उसे शेरों में ढलना आ गया है

56.

हादसा फिर कोई गंभीर हुआ जाता है
वो मेरे पाँव की ज़ंजीर हुआ जाता है

उससे वाबस्ता हुआ जाता है हर ख़्वाब मेरा
इक महल आप ही तामीर हुआ जाता है

हाथ उसका है कोई फूल की डाली लेकिन
छूने लगता हूँ तो शमशीर हुआ जाता है

सोचता हूँ तो कई रंग बिखर जाते हैं
देखता हूँ तो वो तस्वीर हुआ जाता है

अपने बारे में जो लिखने के लिए बैठा हूँ
दर्द उसका मेरी तहरीर हुआ जाता है

हौसला रखता हूँ फ़रहाद से बढ़कर मैं भी
इश्क़ जो उसका जू-ए-शीर[1] हुआ जाता है

जाग उठता हूँ अचानक तो ये लगता है मुझे
वो मेरे ख़्वाब की ताबीर[2] हुआ जाता है

मुस्तनद[3] मैं भी नया रंगे-सुख़न रखता हूँ
उसको होने दो अगर 'भीर' हुआ जाता है

अब ये लोगों की अक़ीदत का हुआ है आलम
'अश्क' भी जैसे कोई पीर हुआ जाता है

---

1. दूध की नहर 2. स्वप्नफल 3. पक्का

57.

जुल्म हो सकते हैं, बेदाद भी हो सकती है
ये मेरे इश्क़ की बुनियाद भी हो सकती है

हमको मालूम है फिर भी ये कहाँ सोचते हैं
ज़िन्दगी इश्क़ में बरबाद भी हो सकती है

ये अलग बात है कि चुप हूँ मैं भरी महफ़िल में
मेरे लब पर कोई रूदाद[1] भी हो सकती है

वो जो इक रूह की चिड़िया है बदन के अन्दर
अपने पिंजरे से वो आज़ाद भी हो सकती है

वो जो आ-आ के भड़कती है अचानक दिल में
मेरी धड़कन में तेरी याद भी हो सकती है

ये अलग बात है उजड़ा हुआ फिरता हूँ मगर
दिल की बस्ती कहीं आबाद भी हो सकती है

तुम जिसे मुझको सुनाने के लिए आए हो
वो कहानी तो मुझे याद भी हो सकती है

बस यही सोच के मैं खेल गया ख़तरों से
ग़ैब से कुछ मुझे इमदाद भी हो सकती है

अब तलक मेरी अना ने न इजाज़त दी है
लब पे कैसे मेरे फ़रियाद भी हो सकती है

____

1. क़िस्सा

58.

गर्मी-ए-वक़्त की रफ़्तार भी होते रहना
हादसों के लिए तैयार भी होते रहना

पाकबाज़ी से कोई बात नहीं बनती है
इश्क़ में अपने गुनहगार भी होते रहना

ताज़ाकारी जो अगर चाहिए जीने के लिए
ज़ुल्फ़े-जानाँ में गिरफ़्तार भी होते रहना

राज़ इस बात में पिन्हाँ[1] है सेहतमंदी का
दिल के हाथों कभी बीमार भी होते रहना

ज़ुल्म जब हद से गुज़र जाए तो मत सहना तुम
ज़ुल्म के सामने तलवार भी होते रहना

हमने माना कि है आराम बड़ी चीज़ मगर
क़ौम के वास्ते बेदार[2] भी होते रहना

ख़ाकसारी भी बड़ी चीज़ है दुनिया में मगर
ये ज़रूरी है के ख़ुद्दार भी होते रहना

कोई मिल जाए अगर दिल को लुभाने वाला
जज़्बा-ए-इश्क़ से सरशार भी होते रहना

हुस्न वालों के लिए जान लुटाना लेकिन
इश्क़ वालों के तरफ़दार भी होते रहना

---

1. छुपा 2. जागृत

59.

उससे बिछड़े तो ये अहसासे रगे-जाँ होगा
शहर भी अपने लिए दश्तो-बयाबाँ होगा

उसके अंदाज़ पे बरसेगी ख़ुदा की रहमत
जो कोई अपने गुनाहों पे पशेमाँ[1] होगा

ये न सोचा था तेरी ज़ुल्फ़ बिखर जाने से
सारा आलम ही तेरे साथ परेशाँ होगा

डूब जाने दो अगर डूब रहा है सूरज
मेरे ज़ख़्मों से ज़माने में चराग़ाँ होगा

पा-ब-जंजीर सही रक़्स में आने दो ज़रा
मेरी ठोकर में उखड़ता दरे-ज़िन्दाँ[2] होगा

जिस जगह सर को झुकाएंगे इबादत के लिए
देख लेना कि वहीं पर दरे-जानाँ होगा

इश्क़ में हद से गुज़रने की करेंगे कोशिश
लोग कहते हैं ये काम न आसाँ होगा

तेरी सोहबत में बदल जाती हैं तक़दीरें भी
बुत भी आएगा तेरे पास तो इन्साँ होगा

'अश्क' एजाज़ से भरपूर हैं अशआर तेरे
जो कोई इनकी सुनेगा, वही हैराँ होगा

---

1. शर्मिन्दा 2. क़ैदख़ाने का दरवाज़ा

60.

शिकस्ता दिल हूँ के दामन भी चाक होना है
सुलूके-शहरे-सितम   दर्दनाक   होना   है

बुलंदियों के लिए क्यों भटक रहा हूँ मैं
पता है जब कि किसी रोज़ ख़्वाब होना है

ये ज़ख़्मे-इश्क़ न धोया, ये सोचकर मैंने
तेरे ही दस्ते-मुबारक से पाक होना है

वफ़ा की राह में कोई सलामती ही नहीं
इसी सफ़र में मुझे भी हलाक होना है

इसी ज़मीन से मिलती थी हर ख़ुराक मुझे
इसी ज़मीन की इक दिन ख़ुराक होना है

उदास लोगों से मिलता नहीं है कोई भी
हो दिल में दर्द मगर पुर तपाक होना है

वो काश अपने तग़ाफ़ुल[1] से बाज़ आ जाएं
मुझे भी इश्क़ में अब इनहिमाक[2] होना है

हर एक लफ़्ज़ शिकस्ता है क्या लिखूँ तहरीर
वरक़ तो मेरे दुखों से ही चाक होना है

हज़ारों शक्ल बदलती रहेगी ये मिट्टी
हज़ारों बार तुझे मेरा चाक होना है

---

1. बेरूख़ी 2. डूब जाना

61 .

बातों-बातों में नई बात बनाने वाला
याद आता है बहुत रूठ के जाने वाला

उसको दुःख में भी कई बार हुआ सुख महसूस
ऐसा इन्सान था वो दिल को लुभाने वाला

आज फिर दिल पे बहुत बोझ लिए बैठे हैं
ये दुआ है के कोई आए रुलाने वाला

झूट भी उसका किसी सच की तरह लगता था
तर्ज़ क्या ख़ूब वो रखता था बहाने वाला

वो जो कल दार पे दुनिया को नज़र आया था
हाँ वही शख़्स तो था मेरे घराने वाला

सिर्फ़ इक बार मिला था वो कहीं राहों में
जज़्ब आँखों में हुआ दिल में समाने वाला

अपने बिस्मिल[1] का तड़पना भी न देखा तू ने
तेरा अंदाज़ भी ज़ालिम है ज़माने वाला

ख़ाक उड़ती हुई क़दमों से लिपट जाती है
जाएगा कैसे तेरे शहर में आने वाला

दे गया अपनी वफ़ाओं के ख़ज़ाने मुझको
कोई ऐसा न मिला प्यार निभाने वाला

---

1. घायल

62.

इसी मिट्टी से उपजे हैं, इसी मिट्टी में सोना है
यही जीवन की खेती है, इसी में प्यार बोना है

हम अपनी साँस को पुरनूर करते हैं हवाओं से
फ़िज़ाओं में इसी की हमको अपना दिल भिगोना है

लहू क्या चीज़ है, सर क्या है, क्या है, जाँ लुटा देना
ज़मीं माँ है, हमें तो माँ पे बस क़ुर्बान होना है

यही दौलत है मुट्ठी भर अगर जो हाथ आ जाए
इसी मिट्टी में चाँदी है, इसी मिट्टी में सोना है

ये नदियाँ और ये झरने, ये परबत और हरियाली
ये अपना स्वर्ग है, इसका हर इक मंज़र सलोना है

ये फ़सलें जिनकी हर बाली में हम मोती पिरोते हैं
यही है ओढ़ना अपना, यही अपना बिछौना है

कहीं बाली, कहीं झूमर, कहीं नथनी, कहीं पायल
के इस दुल्हन के गहनों में, हमें तो दिल पिरोना है

मैं वो अहसास हूँ, वुस्अत में जिसकी दोनों आलम हैं
कि इक छोटी सी गागर में, समन्दर सब समोना है

ये दुनिया हमको मिट्टी से अलग कर ही नहीं सकती
मगर जो चाल चलती है, उसी का 'अश्क' रोना है

63.

शायर जब भी अपना ख़ून उगलता है
नई ग़ज़ल का सिक्का-सिक्का ढलता है

उससे रोशन होती है सारी दुनिया
जो सूरज के जैसा आग में जलता है

हम जो गिरे तो इक तारीख़ बिगड़ती है
हम संभले तो आलम एक संभलता है

ये दिल अपना एक समन्दर है जिसमें
कोई अनोखा तूफ़ाँ रोज़ मचलता है

हमने सफ़ीरे-वक़्त को पीछे छोड़ दिया
अपना ख़याल तो सदियों आगे चलता है

दिल के रिश्ते में ख़ूबी है बस इतनी
जितना दूर हो उतना पास निकलता है

ऐसा ख़ुलूस न देखा होगा तुमने भी
पत्थर दिल भी अपने आगे पिघलता है

हमसे मीर की ग़ज़लों की मत बात करो
कहीं-कहीं कोई अच्छा शेर निकलता है

आगे-आगे नक़्शे-क़दम हम छोड़ चले
पीछे अपने 'अश्क' ज़माना चलता है

64.

ये जो पुरवाई बढ़ती जा रही है
मेरी तन्हाई बढ़ती जा रही है

निशाना ज़ख़्म पर साधा है किसने
ये क्यूँ गहराई बढ़ती जा रही है

हुआ है बोल-बाला झूट का भी
मगर सच्चाई बढ़ती जा रही है

बस इक इंसान ही सस्ता हुआ है
बहुत महंगाई बढ़ती जा रही है

अदा झुकने की जितनी आई मुझको
मेरी ऊँचाई[1] बढ़ती जा रही है

छुआ जब से मेरी नज़रों ने तुझको
तेरी अंगड़ाई बढ़ती जा रही है

अंधेरों ने मुझे घेरा है जब से
मेरी बीनाई[1] बढ़ती जा रही है

ग़ज़ल ऐसे तराशा मैंने तुझको
तेरी रानाई बढ़ती जा रही है

ख़ुदा की देन है सब 'अश्क' साहब
ये जो दानाई बढ़ती जा रही है

---

1. आँखों की रोशनी

65.

हादसा फिर गुज़र भी सकता है
सारा आलम बिखर भी सकता है

जो चढ़ा है निगाह में अपनी
एक दिन वो उतर भी सकता है

ऐसे दामन न ख़ुशबुओं से भरो
ज़ख़्म दिल का उभर भी सकता है

दिल तो छोटा सा एक बच्चा है
ये खिलौनों से डर भी सकता है

नाज़ बेजा है अपनी हस्ती पर
जी रहा है तो मर भी सकता है

अपने ऊपर ही हँस के देख ज़रा
बोझ दिल का उतर भी सकता है

इस क़दर टूट कर न मिल उससे
जी मुहब्बत से भर भी सकता है

किसलिए फिर रहा है आवारा
तू जो चाहे सँवर भी सकता है

'अश्क' सब ही सितम नहीं सहते
कोई फ़रियाद कर भी सकता है

66.

हर इक दिल को छूकर, मीठे गीत लिखे
हमने वक़्त के दर पर, मीठे गीत लिखे

जीवन अपना संघर्षों में गुज़रा है
तोड़े हमने पत्थर, मीठे गीत लिखे

रोते-रोते बैठ गया, जब दिल अपना
तन्हाई में हँस कर, मीठे गीत लिखे

सोई थी जब दुनिया, हमने रातों में
अपनी आग में जलकर, मीठे गीत लिखे

कोयल के सुर और बुलबुल की तानों में
हमने शब्द भिगोकर, मीठे गीत लिखे

कुछ तो बदले में दुनिया को देना था
खाई जब भी ठोकर, मीठे गीत लिखे

चारों तरफ़ जब आग लगी थी बस्ती में
चल कर अंगारों पर, मीठे गीत लिखे

नाच रही थी दुनिया, सामने आँखों के
देख के सारे मंज़र, मीठे गीत लिखे

शहरे-वफ़ा में और भी थे कुछ दीवाने
हमने सबसे हटकर, मीठे गीत लिखे

67.

ये जो अख़बार में सुर्ख़ी लगी है
लहू में डूबती बस्ती लगी है

उलझती जा रही है साँस अपनी
ख़बर उड़ती हुई ऐसी लगी है

अजब हैं आजकल टी.वी. के मंज़र
ये दुनिया आग में जलती लगी है

खड़ी है मौत चौराहे पे आकर
घरों में ख़ौफ़ है, कुंडी लगी है

इलाक़े बिक रहे हैं शहर के अब
फ़सादों के लिए बोली लगी है

मुहज़्ज़ब[1] हो गए हम आज इतने
कि अब तहज़ीब की मंडी लगी है

तड़प कर रह गया मासूम बच्चा
पुलिस की जब उसे गोली लगी है

अकेली रह गई इक घर में बेवा
जवानी में भी वो बूढ़ी लगी है

सितमगर नाज़ करता है सितम पर
सियासत आज फिर गंदी लगी है

---

1. सभ्य

68.

सदा-ए-दर्द कुछ ऐसी रंगे-एहसास ने दी है
कोई तल्ख़ी मुझे अपने बदन की प्यास ने दी है

जिधर भी देखता हूँ धूल उड़ती है निगाहों में
अजब सी सोच मुझको इस दिले-बे-आस ने दी है

ये सूखी रोटियों का ही करिश्मा है कि दुनिया में
अदाए-बाँकपन मुझको मिरे अफ़्लास[1] ने दी है

है मेरी मिल्कियत सहरा, हुकूमत है सराबों पर
अजब सी एक वीरानी मुझे बनबास ने दी है

ये लगता है कि जैसे मर गया हूँ अपने अंदर मैं
ये मंज़िल कौन सी है जो मेरे एहसास ने दी है

उसी से कर रहा हूँ हर वरक़ रौशन मुहब्बत का
नई इक रौशनी जो फ़िक्र के अलमास ने दी है

मेरा हर लफ़्ज़ ताज़ा फूल की मानिन्द खिलता है
ये फ़नकारी मेरे जज़्बात की बू-बास ने दी है

किसी ने हाथ थामा ही नहीं मेरा ज़माने में
के मुझको सुर्ख़रूई मेरे ही बिसवास ने दी है

ख़ुदा की देन है ये तो उसी का सारा जलवा है
मुहब्बत 'अश्क' जो मुझको अवामुन्नास[2] ने दी है

---

1. भूख 2. जनता

69.

अँगड़ाई ली तो सूरते-मेहराब सा हुआ
दीदार-ए-यार जैसे कोई ख़्वाब सा हुआ

जाना है मैंने मोल ख़ुद अपने वजूद का
उनकी गली में जा के मैं नायाब सा हुआ

पहले तो दर्दे-इश्क़ था इक बूँद की तरह
फैला तो एक ख़ून का सैलाब सा हुआ

उसकी निगाहे-नाज़ की तहज़ीब क्या कहूं
हर लम्हा उसके सामने आदाब सा हुआ

अब तो दिलो-जिगर में लहू भी नहीं कोई
आँखों का सारा दश्त ही बेआब सा हुआ

लिक्खी हुई थी प्यासे लबों पर मेरी अना
दरिया भी मुझको देख के बेताब सा हुआ

तारीख़ में हमें भी भुलाया न जाएगा
आलम में ज़िक्र अपना भी इक बाब सा हुआ

सरमाया और कोई न था आशिक़ों के साथ
राहे-वफ़ा में रंज ही असबाब सा हुआ

सारा तिलिस्म है ये उसी आफ़ताब का
ज़र्रा भी उसके नूर से माहताब सा हुआ

70.

इक रस्मे-ख़ास मेरे बहकने से चल गई
लग़्ज़िश को मेरी देख के दुनिया संभल गई

देखा पलट के मैंने तो थी अपनी आरज़ू
किस बेख़ुदी में पाँव के नीचे कुचल गई

अब तो किसी भी आग में जलता नहीं हूँ मैं
इक आग जब से मेरे सरापा में ढल गई

सच तो यही है कोई बड़ा हादसा न था
थी इक ज़रा सी बात जो दुनिया बदल गई

उस बेवफ़ा के लम्स का अहसास क्या कहूँ
मुझमें जो कायनात थी सारी पिघल गई

वो सायादार पेड़ पयम्बर से कम नहीं
टूटी जो शाख़, वो भी हमें देके फल गई

उफ़, वो किसी का हँस के मुहब्बत से देखना
इक मौत जैसे सिर पे खड़ी थी सो टल गई

क्या जाने क्या तिलिस्म छुपा है हयात में
हाथों में जब भी थामना चाहा फिसल गई

कब रोक पाईं 'अश्क' मेरे फ़न को सरहदें
सारे जहाँ में अपनी सदा-ए-ग़ज़ल गई

71.

लहू में डूबते मंज़र कई बाहर से आते हैं
फ़सीले-शहर पर पत्थर कई बाहर से आते हैं

इरादा ज़ख़्म खाने का जवाँ अंदर से होता है
लहू में डूबने ख़ंजर कई बाहर से आते हैं

हर इक लम्हा हमारी क़ौम को बेदार रहना है
के दुश्मन के नए लश्कर कई बाहर से आते हैं

पराए देस में महफ़ूज़ अब बच्चे नहीं अपने
गए ज़िन्दा मगर मर कर कई बाहर से आते हैं

जो अपने मुल्क की तहज़ीब को बरबाद करते हैं
जुनूँ के ऐसे भी साग़र कई बाहर से आते हैं

जड़ों से जो उखड़ते हैं, ज़मीं उनको नहीं मिलती
के ऐसे लोग भी मुड़कर कई बाहर से आते हैं

वफ़ा की यादगारों में हमेशा जगमगाने को
हमारी ज़ात के अंदर कई बाहर से आते हैं

हमें अंदर के ख़तरों से निबटना ख़ूब आता है
नए तूफ़ाँ मगर सर पर कई बाहर से आते हैं

ख़यालो-फ़िक्र के ये क़ाफ़िले औराक़ पर अपने
हैं कुछ वज्दान[1] के अंदर कई बाहर से आते हैं

---

1. मंत्रमुग्ध होना

72.

कहीं आँधी, कहीं मौजे-बला है
मगर इसमें भी जीने का मज़ा है

लिखी हैं आयतें चेहरे पे उसके
मेरा दिल जाने कब से पढ़ रहा है

अगर वो बात कर ले जाने क्या हो
वो चुप रह कर भी कितना बोलता है

मिलाकर हाथ उससे सोचता हूँ
कि मैंने आसमाँ को छू लिया है

करिश्मा है तेरी आँखों में कोई
कि हर मंज़र समुन्दर सा लगा है

चढ़ाता हूँ लबों के फूल उस पर
तेरे कूचे का पत्थर देवता है

सिमट आया है मुट्ठी में ज़माना
जुनूँ में हाथ जो लहरा गया है

पसे-अल्फ़ाज़ भी है एक दुनिया
मेरे अशआर की ऐसी फ़ज़ा है

तुझे क्या 'अश्क' ये कहना पड़ेगा
ग़ज़ल तेरी ग़ज़ल की इंतिहा है?

73.

किया जो मैंने ज़रा-सा भी काम, उसका है
मेरी हयात का सारा निज़ाम, उसका है

मैं चल रहा हूँ, ये रफ़्तार देन है उसकी
क़दम-क़दम का सफ़र ये तमाम, उसका है

मेरी ज़बाँ पे उसी के लिए हैं सब सजदे
है दिल में जितना मेरे एहतेराम, उसका है

नफ़स-नफ़स[1] है मुनव्वर उसी के नग़्मों से
मेरी ज़बाँ पे हर इक वक़्त नाम, उसका है

मुझे है इल्म के तख़्लीक़, मैं उसी की हूँ
वजूद मेरा ये सारा ग़ुलाम, उसका है

उसी के नूर से रौशन है हर सहर मेरी
मेरे फ़लक पे हर एक रंगे-शाम, उसका है

मेरा तो मोल ही क्या है कि मुश्ते-ख़ाक हूँ मैं
हक़ीर[2] ख़ाक का जो भी है दाम, उसका है

वही है वुसअतो-अज़मत की आख़िरी मंज़िल
उड़ान उसकी है हर एक गाम, उसका है

हमारा ज़िक्र तो ऐ 'अश्क' इक बहाना है
जहाँ में जो भी है चर्चा ये आम, उसका है

---

1. सांस-दर-सांस 2. तुझ

74.

करने लगा है वक़्त इशारात, कुछ के कुछ
आने लगे हैं दिल में ख़यालात, कुछ के कुछ

बढ़ती ही जा रही है ये रफ़्तारे-ज़िन्दगी
तेवर दिखाते रहते हैं दिन-रात, कुछ के कुछ

चलता नहीं है गर्दिशे-दौराँ[1] पे कोई ज़ोर
हर दिन बदलते रहते हैं हालात, कुछ के कुछ

नाज़ुक बहुत है डूबती साँसों की मंज़िलें
करवट बदल रहे हैं ये लम्हात, कुछ के कुछ

जिनका कोई जवाब नहीं है किसी के पास
दुनिया में वो उठे हैं सवालात, कुछ के कुछ

हम अपने आसमाँ के सितारे न छू सके
तक़दीर लिखते रहते हैं ये हाथ, कुछ के कुछ

हैरान हो के देखता रहता हूँ, क्या करूँ
बदले है रंग कितने तेरी ज़ात, कुछ के कुछ

हर इक क़दम पे जैसे बदलते रहे हैं हम
होते हैं ज़िन्दगी में कमालात, कुछ के कुछ

ऐ 'अश्क' जिनके बारे में सोचा न था कभी
गुज़रे वो हादसात मेरे साथ, कुछ के कुछ

---

1. समय-चक्र

75.

ख़ाक हुए, बेबाक हुए हम, रस्मे-वफ़ा को आम किया
उड़ते फिरे हैं सारे जहाँ में, और न कोई काम किया

लम्हे-लम्हे में सदियों की बेचैनी का आलम था
हर इक रात कटी आँखों में, हमने कहाँ आराम किया

हमने फ़लक की मेहराबों पर, अपने दिल का दर्द लिखा
ख़ूने-जिगर के हर क़तरे से, मंज़र-मंज़र शाम किया

उसके रह्मो-करम का चर्चा, बहुत सुना था दुनिया में
इसीलिए तो हमने ख़ुद को, थोड़ा सा बदनाम किया

इश्क़ की धुन में हर मंज़िल से, हम तो आगे निकले हैं
वक़्त भले ही पाँव से लिपटा, फिर भी नहीं विश्राम किया

दिल भी टूटा, आस भी टूटी, टूट गया हर ख़्वाब मगर
ज़र्रा-ज़र्रा हमने समेटा, अज़्म[1] नया हर गाम किया

मंदिर-मस्जिद, गिरजे और गुरुद्वारे की क्या बात करें
जो भी वहां से निकला उसने, शहर में क़त्ले-आम किया

फ़न के सौदागरों को हमने हर दम रक्खा ठोकर में
ये हैं वो कमज़र्फ़ जिन्होंने, इल्मो-अदब नीलाम किया

'अश्क' तेरी ग़ज़लों को पढ़कर, अह्ले-हुनर ये कहते हैं
इक मुफ़लिस[2] माँ के बेटे ने बड़ा अदब में नाम किया

---

1. स्वाभिमान 2. ग़रीब

76.

दिलों को गुदगुदा कर जाएंगे हम
ग़ज़ल ऐसी सुनाकर जाएंगे हम

चलन अपना बरंगे-आसमाँ है
कि इस दुनिया पे छाकर जाएंगे हम

अभी मुस्कान है होंटों पे अपने
हज़ारों गुल खिलाकर जाएंगे हम

वो दुश्मन ही सही, दावा है अपना
उसे अपना बनाकर जाएंगे हम

तुझे देखा, तुझे चाहा है जानाँ
तेरे दिल में समा कर जाएंगे हम

भुला कर भी नहीं भूलेगा कोई
कि ऐसे याद आकर जाएंगे हम

हमें सदियों तलक रोएगी दुनिया
हुनर ऐसा दिखाकर जाएंगे हम

अदब में लोग सब सोये हुए हैं
हर इक को अब जगाकर जाएंगे हम

जो बज़्मे-फ़िक्रो-फ़न उजड़ी हुई है
उसे फिर से सजाकर जाएंगे हम

77.

चले थे घर से बहुत हम भी हौसला लेकर
भटक रहे हैं अंधेरों में इक दीया लेकर

चलेंगे दौर बहुत पत्थरों की बारिश के
निकल पड़ा हूँ मैं दुनिया में आईना लेकर

झुलस गई है मेरे बाग़ की हर इक डाली
कहाँ से आई थी, इस आग को हवा लेकर

उसे भी लूट लिया कुछ मुहल्ले वालों ने
जो आ रहा था कोई मौत की दवा लेकर

जली कटी हुई लाशें पड़ी हैं बस्ती में
फ़क़ीर आए हैं, अब किस लिए दुआ लेकर

सबूत ढूँढने वालो, तुम्हें मिलेगा क्या?
गुज़र गया कोई तूफ़ान सब हिना लेकर

न जाने कौन से साहिल पे जाके ठहरेगी
चली है रात में कश्ती जो क़ाफ़िला लेकर

मैं घिर गया हूँ किसी ज़िन्दगी के मक़्तल[1] में
क़दम-क़दम मेरा उठता है हादसा लेकर

अजीब दौर में हम कर रहे हैं 'अश्क' हयात
हर एक साँस गुज़रती है सानेहा[2] लेकर

---

1. क़त्लगाह 2. हादसा

78.

हर इक गली के मोड़ से रस्ता बदल गया
कर्फ़्यू में सारे शहर का नक़्शा बदल गया

अब ज़लज़ले की रोज़ दुआ माँगता है वो
इक ज़लज़ला वज़ीर की दुनिया बदल गया

बारात इक ग़रीब के घर से पलट गई
बेटी का एक फूल सा चेहरा बदल गया

इंसान था वो, हिन्दू-मुसलमान क्या हुआ
अब उसके बात करने का लेहजा बदल गया

इंसाफ़ करने वाले की नियत में खोट थी
इंसाफ़ के तराजू का पलड़ा बदल गया

वो भी शरीक हो गया दंगा-फ़साद में
गोदी में जो खिलाया था बच्चा, बदल गया

दम भर में आसमान ज़मीं पर बिखर गया
पल भर में एक मुल्क का चेहरा बदल गया

सारे अज़ीज़ दुश्मने-जानी से जा मिले
फिर ये हुआ कि जंग का नक़्शा बदल गया

जो ग़ैर थे वो साथ निभाते रहे मगर
सच ये है 'अश्क' ख़ून ही अपना बदल गया

79.

मंज़िल है नई राह के असबाब[1] नए हैं
बदला है जहाँ, जीने के आदाब नए हैं

सौ रंग हैं इक उठती हुई मौजे-बला में
इस बहूरे-ग़मे-यार के गिर्दाब[2] नए हैं

सदियों की तड़प एक ही लम्हे में छुपी है
बिखरे हुए आँखों में कई ख़्वाब नए हैं

लिख जाएंगे इक सब्र की तारीख़ नई हम
इस दौरे-सितमगर में वो असबाब नए हैं

लुटती हुई अस्मत[3] है तो जलते हुए इंसाँ
इस मुल्क में बर्बादी के असबाब नए हैं

होता है भले शहूर में जंगल का तमाशा
इंसान की वहशत के भी आदाब नए हैं

जीने के लिए मौत के फ़रमान हैं जारी
पीने के लिए ज़ुल्म के ज़हराब नए हैं

ये वक़्त के औराक़ पे जो हमने लिखे हैं
दुनिया-ए-अदब में वो सभी बाब नए हैं

हर शेर का मज़मून नए रंग में देखा
ऐ 'अश्क' तेरी फ़िक्र के महताब नए हैं

---

1. कारण 2. भंवर 3. इज़्ज़त

80.

हम क्या बताएं आपको ये ज़ेरे-लब है क्या
बैठो हमारे पास तो सीखो अदब है क्या

पहचान है हमारी ख़ुद अपनी ही ज़ात से
माँ-बाप का न पूछिए नामो-नसब है क्या

आओ कि ज़िन्दगी में नए रंग भर चलें
मरना तो है हर एक को, मरना अजब है क्या

पहचानते हैं ख़ूब तुझे हम ऐ ज़िन्दगी
तुझको सिखाते आए हैं जीने का ढब है क्या

माँगे से दो जहाँ भी मिले तो न माँगें हम
पूछे अगर कोई तो बताएं तलब है क्या

मक़सद अगर नहीं है तो जीने का फ़ायदा
मंज़िल है अपनी कौन सी, अपना सबब है क्या

करने लगे हैं ज़ुल्मों-सितम की जो इंतिहा
वो जानते नहीं है ख़ुदा का ग़ज़ब है क्या

हम मौसमों के साथ बदलते नहीं कभी
कल तक यही मिज़ाज रहा है तो अब है क्या

ऐ 'अश्क' तेरी फ़िक्र से रौशन है हर गली
तेरे बग़ैर वरना जहाँ में अदब है क्या

81.

सफ़र में धूप का एक सायबान रखता हूँ
मैं अपने साथ में जलता मकान रखता हूँ

ज़मीन मेरी अगर छीन ले जहान तो क्या
मैं अपने सर पे अभी आसमान रखता हूँ

बंधी हुई है मेरी मुट्ठियाँ न खुलवाओ
मैं अपने हाथों में दोनों जहान रखता हूँ

बड़े ख़ुलूस से मिलता हूँ मैं ज़माने से
लचक के साथ मगर अपनी आन रखता हूँ

हर एक लम्हे की ताज़ा ख़बर है मेरे पास
बदलते वक़्त का मैं ख़ूब ध्यान रखता हूँ

मेरी नज़र में वो सारे लहू के मंज़र हैं
मैं क़त्लेआम का सच्चा बयान रखता हूँ

हर एक मोड़ पे मुश्किल है ज़िन्दगानी में
सफ़र में अपना मगर बेतकान रखता हूँ

हमारे वक़्त का नक़्क़ाद[1] कह रहा है हमें
मैं एक झूटी सनद की दुकान रखता हूँ

अदब की राह में गुज़रा हूँ जिस तरफ़ से भी
उधर मैं 'अश्क' नुमायाँ निशान रखता हूँ

---

1. आलोचक

बस एक बात बनाने में, उम्र बीत गई
मक़ामे-इश्क़ को पाने में, उम्र बीत गई

न पूछ हमसे नज़ाकत, वफ़ा-परस्तों की
कि इक निगाह मिलाने में, उम्र बीत गई

ये ज़िन्दगी तो बहानों का इक बहाना है
हमें बहाना बनाने में, उम्र बीत गई

जहाने-शीशागरी में, किसे-किसे देखें
हमारी आईना ख़ाने में, उम्र बीत गई

चले तो आए थे सब हौसला समेट के हम
तुम्हारी बज़्म से जाने में, उम्र बीत गई

बुला रही थी फ़लक की बुलंदियाँ हमको
ज़मीं से ख़ुद को उड़ाने में, उम्र बीत गई

जहाँ तो आज भी तारीकियों में डूबा है
चराग़ सबको जलाने में, उम्र बीत गई

अदावतों में न दुश्मन को पस्त देख सके
नज़र से उसको गिराने में, उम्र बीत गई

हर एक दिल पे हुकूमत करे ग़ज़ल अपनी
मक़ाम 'अश्क' ये पाने में उम्र बीत गई

83.

वफ़ा, ख़ुलूस, मुहब्बत की सब अदा मैं हूँ
चला जो हज़रते-आदम से सिलसिला मैं हूँ

ख़याल रहता है हर आन अपनी अज़्मत का
ख़ुदा नहीं हूँ मगर बन्दा-ए-ख़ुदा मैं हूँ

हर एक मौज मेरी बहरे-बेकराँ की तरह
रवा-दवाँ हूँ बहुत और जा-बजा मैं हूँ

मेरा ही ज़िक्र है गुज़रे हुए ज़मानों में
नई सहर की तरह रोज़ ही नया मैं हूँ

नहीं है मुझको ज़रूरत किसी इशारे की
मैं अपने आप ही मंज़िल हूँ, रास्ता मैं हूँ

मेरे वजूद में रंगीनियाँ हैं आलम की
हयातो-मौत का सारा ही फ़लसफ़ा मैं हूँ

मेरे ही लफ़्ज़ से लिक्खी हुई है हर तारीख़
हर एक रंग में गूँजी हुई सदा मैं हूँ

बरंगे-बूए-चमन उड़ रहा हूँ दुनिया में
निजामे-इश्क़ में डूबी हुई सबा मैं हूँ

मेरे ही अक्स से रौशन हैं सारे आईने
के 'अश्क' सारे दरो-बाम पर सजा मैं हूँ

ज़रा सी ही सही लेकिन ये बीमारी भी होती है
मुहब्बत करने वालों में अदाकारी भी होती है

ग़रीबों की किसी बस्ती में जाकर देख लेना तुम
के जितनी भूक है, उतनी ही खुद्दारी भी होती है

बड़े ही नाज़ से वो पालती है अपने बेटे को
इक औरत, जो ज़माने भर की दुखियारी भी होती है

हमारी आबला-पाई का कोई ग़म नहीं हमको
लहू से अपने सहराओं में गुलकारी भी होती है

तुम्हारे शहर के घर में कोई आँगन नहीं होता
हमारे गाँव के आँगन में फुलवारी भी होती है

बड़े दिलकश घरौंदे धूल मिट्टी से बनाते हैं
हमारे गाँव के बच्चों में फ़नकारी भी होती है

तुम्हारे शहर में तो कोई भी पनघट नहीं होता
हमारे गाँव के पनघट पे पनिहारी भी होती है

वहीं से मंज़िले-मक़सूद आती है नज़र हम को
जहाँ से रास्ते में कोई दुश्वारी भी होती है

कोई नाज़ुक सा रिश्ता हो तो फिर अहसाँ नहीं लेना
के ये गठरी मुहब्बत की बहुत भारी भी होती है

लुटा देते हैं बे-सोचे ही अपनी सारी दुनिया को
के इन ख़ाना-ख़राबों की अदा प्यारी भी होती है

85.

दरो-दीवार दिल के बोलते हैं
मेरी साँसों में नग़मे बोलते हैं

बुलाती है उसे हर एक मंज़िल
मुसाफ़िर से तो रास्ते बोलते हैं

बहुत ख़ामोश हैं सारी फ़िज़ाएँ
मगर इनमें ज़माने बोलते हैं

न घबरा दश्त की वीरानियों से
यहाँ भी कुछ परिन्दे बोलते हैं

वहीं जन्नत नज़र आती है मुझको
कहीं हँस कर जो बच्चे बोलते हैं

ख़ुदा हर बात सुनता है वहाँ पर
जहाँ पर हम अकेले बोलते हैं

सयानों का भरोसा कुछ नहीं है
जो दीवाने हैं, सच्चे बोलते हैं

ज़मीनो-आसमाँ के दरम्याँ सब
ख़ुदा के कारनामे बोलते हैं

मुहब्बत की गली से जब भी गुज़रे
हर इक घर के दरीचे बोलते हैं

ग़ज़ल सुन कर तेरी ये 'अश्क' जाना
के तेरे शेर सच्चे बोलते हैं

86.

मुझको ग़ालिब न मीर बनना था
इश्क़ में बेनज़ीर बनना था

साधना था कमाने-मानी को
शेर को अपने तीर बनना था

अपने हिस्से में बादशाहत थी
और सबको वज़ीर बनना था

दौलतें सब रखी हैं ठोकर में
मुफ़लिसी में अमीर बनना था

बोरिये में रहे जहाँ सारा
मुझको ऐसा फ़क़ीर बनना था

क़ैद करती वो जुल्फ़ क्या हमको
वो तो ख़ुद को असीर[1] बनना था

मंज़िलें पा के छोड़ दी मैंने
बस मुझे राहगीर बनना था

दिल-लगी कर रहा था वो मुझसे
कुछ मुझे भी शरीर[2] बनना था

हर क़दम पर लड़ा अंधेरों से
मुझको रौशन ज़मीर बनना था

मुझको राँझा बना दिया उसने
'अश्क' उसको जो हीर बनना था

---

1. क़ैद 2. शरारती

87.

इंसान जो भी ज़ात से आगे निकल गया
वो सारी कायनात से आगे निकल गया

हर बार ये हुआ है तेरी बज़्मे-नाज़ में
जो चुप रहा वो बात से आगे निकल गया

आँखों में अपनी चाँद सितारे समेट कर
इक शख़्स ग़म की रात से आगे निकल गया

मरना तो सबको है वो मगर इस तरह मरा
ऐसा लगा हयात से आगे निकल गया

बस इक क़दम उठा था जुनू में तिरी तरफ़
देखा कि शशजेहात[1] से आगे निकल गया

दुश्मन को मैंने हँस के गले से लगा लिया
फिर उसकी वारदात से आगे निकल गया

महरूमियों ने रोक लिया मुझको राह में
दामन वो मेरे हाथ से आगे निकल गया

इक बार जान दे के मुहब्बत की राह में
दुनिया के हादसात से आगे निकल गया

इक रौशनी है मेरे हुनर में कोई नई
मैं अपनी रिवायात से आगे निकल गया

ऐ 'अश्क' बेख़ुदी में न आया कोई ख़याल
दुनिया के इल्तेफ़ात[2] से आगे निकल गया

---

1. सभी दिशाओं से 2. आनन्द

८८.

हर लफ़्ज़ मेरा लफ़्ज़े-मुहब्बत की तरह है
सच ये है सुख़न मेरा इबादत की तरह है

हर एक नज़र लज़्ज़ते-फ़िरदौसे-नज़र[1] है
हर एक तसव्वुर मेरा जन्नत की तरह है

बिखरा है लहू मिरा शफ़क़ और धनक में
ये दिल का वरक़ सुबह की रंगत की तरह है

हर लम्हा शबे-हिज्र[2] का तूफ़ाने-बला है
जो दिन भी गुज़रता है क़्यामत की तरह है

रक्खा हे बड़े नाज़ से दुनिया से छुपाकर
दिल तेरा मेरे पास अमानत की तरह है

मुफ़लिस हूँ मगर शहर में मशहूर बहुत हूँ
इक चीज़ मेरे पास में ग़ैरत की तरह है

इक लज़्ज़ते-नायाब है ज़ख़्मों की चुभन में
दुःख तेरा मेरे वास्ते राहत की तरह है

सच बोले तो लगता है ख़ुदा बोल रहा है
वो झूट भी बोले तो सदाक़त[3] की तरह है

ये भी कोई पुरखों की रिवायत का चलन है
बच्चों का जो अंदाज़ शराफ़त की तरह है

बढ़ती ही चली जाती है जो ख़र्च करें हम
ये इल्म की दौलत है जो बरकत की तरह है

---

1. जन्नत का नज़ारा 2. वियोग की रात्रि 3. सच्चाई

89.

इश्क़ की रंगीनियों में दर्द का क़िस्सा भी है
इक तरफ़ गुलज़ार है तो इक तरफ़ सहरा भी है

अपनी-अपनी अहमियत से हर कोई जाना गया
मौज दरिया में है लेकिन, मौज में दरिया भी है

शाख़ से टूटे हुए पत्ते ने दी है ये सदा
हो गया तन्हा मगर इक पेड़ से रिश्ता भी है

फिर भरी बरसात में इक शख़्स याद आने लगा
आज फिर दिल थामकर तन्हाई में रोना भी है

जिस तरफ़ है ज़िन्दगी के हादसों का कारवाँ
उस तरफ़ ही आने-जाने का मेरा रस्ता भी है

अपनी धुन में जी रहा हूँ ये किसी को क्या ख़बर
मुख़्तलिफ़ सारे जहाँ से इक मेरी दुनिया भी है

देखने ही देखने में तुमने देखा जिस तरह
मैंने ये देखा कि तुमने देख कर चाहा भी है

थी मकाँ से ला मकाँ तक मेरी पहली ही उड़ान
फिर ख़याल आया कि दम लेकर अभी उड़ना भी है

सब यहाँ हर्फ़े-मुकर्रर[1], हर्फ़े-आख़िर कुछ नहीं
हर ग़ज़ल के बाद फिर कोई ग़ज़ल कहना भी है

जब तलक कोई क़दम उठा न था, थे सोच में
चल पड़े तो फिर नहीं सोचा कहीं रुकना भी है

---

1. शब्द का दोहराना

90.

उरूजे-गर्दिशे-अय्याम[1] होता है तो होने दो
बुरा भी इश्क़ का अंजाम होता है तो होने दो

मिसाल इसकी नहीं मिलती है कोई दोनों आलम में
मुहब्बत में ये दिल नाकाम होता है तो होने दो

हमें ज़ाहिद की तर्ज़े-ज़िन्दगी अच्छी नहीं लगती
गुनहगारों में अपना नाम होता है तो होने दो

ख़ुदा के मयकदे से कोई भी प्यासा नहीं जाता
हज़ारों बार ख़ाली जाम होता है तो होने दो

फ़लक तो मेरे ज़ख़्मों से चुराता है हर इक सुख़ी
लहू से रंगे-जश्ने-शाम होता है तो होने दो

मुहब्बत है तो कह दो हाँ हमें तुझसे मुहब्बत है
ये जज़्बा दो-जहाँ में आम होता है तो होने दो

मैं दिल पर ज़ख़्म खाने के लिए तैयार हूँ यारो
अगर इससे तुम्हारा काम होता है तो होने दो

मेरी बर्बादियों की तुम कोई परवाह मत करना
तुम्हारे दिल को गर आराम होता है तो होने दो

मेरे अशआर में तो मानवीयत के नगीने हैं
मुझे इसका अगर इल्हाम[2] होता है तो होने दो

मुहब्बत अम्न और इंसानियत की फ़िक्र लाज़िम है
ग़ज़ल में 'अश्क' ये पयग़ाम होता है तो होने दो

---

1. समय चक्र का शिखर 2. आकाशवाणी

किसी दिन मैं भी इक सूरज चमक कर होने वाला हूँ
के अपना ही नहीं सबका मुक़द्दर होने वाला हूँ

अभी तक जो मुझे शबनम का इक क़तरा समझते हैं
ये कह दो उनसे जाकर मैं समन्दर होने वाला हूँ

मैं जब तक फूल था सबने मुझे पावों से रौंदा है
सितम की इन्तिहा से अब मैं पत्थर होने वाला हूँ

सराबो-दश्त में चारों तरफ़ है तिश्नगी मेरी
सरापा इक मगर लबरेज़ साग़र होने वाला हूँ

जहाँ में बादशाहों से कहो मेरे क़दम चूमें
बिछा कर बोरियाँ अब मैं क़लन्दर होने वाला हूँ

हिसारे-वुसअते-आलम[1] भी अब है टूटने वाला
वजूदे-ज़ात से अपने मैं बाहर होने वाला हूँ

हज़ारों बार अपने दर्द को लिक्खा है क़िस्तों में
सरे-अवराक़ अब मैं एक दफ़्तर होने वाला हूँ

मिलाया ख़ाक में मुझको हमेशा ख़ाकसारी ने
अना अब कह रही है सबसे बढ़कर होने वाला हूँ

चचा ग़ालिब मिले इक रोज़ तो मैंने कहा उनसे
दुआएँ दो मुझे मैं भी सुख़नवर होने वाला हूँ

किसी का 'अश्क' कोई भी नहीं एहसाँ लिया मैंने
मुझे होना है जो वो अपने दम पर होने वाला हूँ

---

1. दुनिया के फैलाव का दायरा

92.

देख रहा हूँ शहरे-वफ़ा के मंज़र आते-जाते
जिधर-जिधर भी गए दीवाने पत्थर आते-जाते

जिससे हँस कर मिले उसी ने अपनी गठरी दे दी
कितने बोझ उठाए हमने सर पर आते-जाते

इश्क़ की राह में चलने वाले, देख संभल कर चलना
अच्छे-अच्छे खा जाते हैं ठोकर आते-जाते

कभी-कभी तुम थोड़ी-थोड़ी आस बंधाते रहना
वरना दिल ये हो जाएगा बंजर आते-जाते

भोले-भाले चेहरे साधु-सन्तों से क्या कम हैं
कर जाते हैं दिल वालों पर मंज़र आते-जाते

काली घटाएँ देख के जैसे खेतों में नम आए
हाल ये अपना देख के उनको अक्सर आते-जाते

अपने अरमानों की बस्ती जन्नत से क्या कम है
काश कभी वो मेरे दिल के अन्दर आते-जाते

पगडंडी पर फूल खिलाने वाली बातें मत कर
पगडंडी तो हो जाती है बंजर आते-जाते

बस इतनी सी भूल हुई है बज़्मे-यार में हमसे
बे-ध्यानी में छलक गए हैं सागर आते-जाते

क़दम-क़दम पर ज़ख़्मों का एहसास बहुत है गहरा
गुज़र गई है क्या-क्या अपने दिल पर आते-जाते

93.

अजीब तर्ज़े-अदा से वो बदनिगाह मिला
के हमको ऐसा लगा जैसे ख़ैर-ख़्वाह मिला

जहाँ भी आँख से मज़लूम की गिरा आँसू
वो हर मक़ाम ज़माने में फिर तबाह मिला

तेरी नमाज़ तो दुनिया में इक दिखावा थी
तेरे सवाब से बढ़कर मुझे गुनाह मिला

इसी लिए तो ख़ुदा उसकी बात सुनता है
वली के जैसा मुझे वो बवक़्ते-आह मिला

फ़रिश्ते देखने आए थे शाने-ख़ुद्दारी
तमाम शहर में इक मैं ही कजकुलाह[1] मिला

किसी भी शाह को लाया कभी न ख़ातिर में
मेरे मिज़ाज में इक रंगे-ख़ानक़ाह मिला

कभी तो एक क़दम पर सिमट गई दुनिया
कभी-कभी ये सफ़र अपना बेपनाह मिला

वफ़ा की राह में देखा न फिर कभी उसको
वो एक बार निभाकर जो रस्मो-राह मिला

पुकारना है तो उसको पुकार ले दिल से
मगर ये शर्त है अपनी सदा में आह मिला

कोई भी अपने सुख़न की न दाद दे पाया
मिला जो शख़्स भी हमको वो कमनिगाह मिला

---

1. तिर्छी टोपी वाला

94.

ज़मीं से पाँव जो उखड़े तो आसमाँ हो जा
जहाँ पे सायाफ़िगन हो के बेनिशाँ हो जा

ये कायनात तेरी धड़कनों में गूँजेगी
बुतों की तरह कभी तू भी बेज़बाँ हो जा

मैं तीर बन के गुज़र जाऊँ ला मकाँ के लिए
मेरी तड़प के लिए तू कोई मकाँ हो जा

यही तो आदमे-ख़ाकी की सरबुलन्दी है
के ख़ाकसारी में आदाबे-दो-जहाँ हो जा

इसी तरह से रहे साथ हम ज़माने में
जहाँ-जहाँ मैं रहूँ, तू वहाँ-वहाँ हो जा

मेरी बिसात है क्या ये पता भी चलने दे
हर इक मक़ाम पे तू मेरा इम्तिहाँ हो जा

उजाले ढूँढने आएंगे तेरी हस्ती को
कभी तो अपने अंधेरों में तू निहाँ हो जा

मैं चाहता हूँ तुझे, ये तो है तुझे मालूम
तो देर क्या है, तड़प कर तू मेरी जाँ हो जा

ख़ुदा के दैरो-हरम छोड़ दे ख़ुदा के लिए
इबादतों के लिए अपना पासबाँ हो जा

यही हुआ है मेरी आमदे-सुख़न के लिए
के हर्फ़-हर्फ़ मेरे, हर्फ़े-जाविदाँ हो जा

95.

कितना है मेरे दिल में छुपा शोर देखना
फुर्सत अगर मिले तो मेरी ओर देखना

इक मुश्त ख़ाक उड़ने लगी आसमान तक
ये आदमी भी कैसा है शेह ज़ोर देखना

आवारगी में जितना मज़ा है कहीं नहीं
ऐ दिल जहाँ में अब न कोई शोर देखना

ख़तरा बहुत है दश्ते-वफ़ा में भी आजकल
बैठे हैं रास्तों में कई चोर देखना

ठंडी हवाएं आईं अगर उनके शहर से
दिल में भी नाचते हैं कई मोर देखना

दुनिया का क्या कुसूर है मिल जाएगा जवाब
अपनी ख़ता पे करके ज़रा ग़ौर देखना

ये हौसला भी चाहिए जीने के वास्ते
दुनिया को एक बार तो झकझोर देखना

अच्छे-बुरे तो सब हैं जो करना है दोस्ती
दिल जो लुभा ले अपना वही तौर देखना

हो जाना अपनी कुव्वते-बाजू से बेनियाज़
जब भी किसी को सामने कमज़ोर देखना

बदले हुए हैं 'अश्क' ज़मीं-आसमाँ तमाम
संजीदगी से अब ये नया दौर देखना

96.

बरसता है कोई बादल कभी जो प्यार पर मेरे
नमीं महसूस होती है दरो-दीवार पर मेरे

कभी मंसूर था, सुकरात था, ईसा भी था मैं ही
लिखे हैं सारे अफ़साने सलीबो-दार[1] पर मेरे

पलस्तर घर का उखड़ा तो पुराने ज़ख़्म के जैसे
लिखे जो नाम थे, उभरे दरो-दीवार पर मेरे

ये नाज़ुक फूल उतना ही तरो-ताज़ा नज़र आया
हुए हैं हादसे जितने, दिले-बीमार पर मेरे

न जाने क्या बुलंदी ढूँढती है ये नज़र मेरी
बड़े जो थे, खरे उतरे नहीं मैयार पर मेरे

बड़े ही नाज़ से मैंने भी अपना सर कटाया है
कई एहसान हैं ज़ालिम तेरी तलवार पर मेरे

मेरे पाँवों की ठोकर से नई तारीख़ बनती है
चमकते हैं कई नक़्शे-क़दम अख़बार पर मेरे

किसी नट की तरह दुनिया में है ये खेल हस्ती का
संभलते और बहकते हैं क़दम इक तार पर मेरे

दबा कर क़ब्र की मिट्टी में सब जाने लगे जिस दम
हजारों रंग के चर्चे हुए, किरदार पर मेरे

न समझा कोई भी नाक़िद[2] मेरे दिल की इबारत को
हजारों तब्सिरे होते रहे, अशआर पर मेरे

---

1. फाँसी का तख़्ता 2. आलोचक

97.

बिखरते-टूटते शीशे जो चकनाचूर होते हैं
कोई क्या जाने कितने दर्द से भरपूर होते हैं

पलट देते हैं जो हर इक बलाए-नागहानी[1] को
वो अपने दिल के हाथों एक दिन मजबूर होते हैं

यही अंदाज़ है अपना ज़माने में चमकने का
कभी जुगनू, कभी सूरज, कभी हम तूर होते हैं

बदन की तिश्नगी जब शोर करती है अकेले में
तो अपने-आप से भी हम तो कोसों दूर होते हैं

उन्हें भी रास्ते की धूल में मिलना ही पड़ता है
जो अपनी ज़िन्दगानी में बड़े मग़रूर[2] होते हैं

चराग़े-इश्क़ जिनके दिल के तहख़ाने में जलता है
उन्हीं लोगों के चेहरे नूर से पुरनूर होते हैं

तलब शाहों की महफ़िल की कभी होती नहीं उनको
क़लंदर अपनी धुन में आप ही मसरूर होते हैं

जहाँ में अपनी मर्ज़ी से हमें जीने नहीं देते
पुरानी बेड़ियों जैसे जो ये दस्तूर होते हैं

हर इक इंसान को मिलती नहीं मेहबूबियत ऐसी
हमारे चाहने वाले मिसाले-हूर होते हैं

लबों की मुस्कुराहट 'अश्क' इक चिलमन के जैसी है
हर इक इंसान के दिल में कई नासूर होते हैं

---

1. अचानक दुर्घटना 2. झूम उठना

98.

गुज़रती जा रही है बेकली में
कई तूफ़ान हैं इस ज़िन्दगी में

कुचल कर चल दिए दोनों जहाँ को
अजब इक धुन है अपनी बेख़ुदी में

किसी मंज़िल पे दिल रुकता नहीं है
हज़ारों मोड़ हैं आवारगी में

छुपाकर रख लिए थे दर्द सारे
छलक कर रह गए लेकिन हँसी में

अंधेरी रात से दिल लग गया है
सुकूँ मिलता नहीं है रौशनी में

अकेले में सताता है मुझे वह
छुपा रहता है कोई पास ही में

वो पीला चाँद भी घर जा चुका है
सिसकता रह गया दिल ख़ामुशी में

ये दुनिया छान ली है फिर भी जैसे
वहीं बैठा हूँ मैं तेरी गली में

ग़ज़ल कहने को भेजा है ख़ुदा ने
मज़ा आया न मुझको बंदगी में

सुख़न है औज पर ऐ 'अश्क' तेरा
रहेगी धूम तेरी हर सदी में

दर-बदर फिरना मुक़द्दर हो गया
तेरा आशिक़ अब क़लंदर हो गया

दिन में था हर ज़ख़्म अपना फूल सा
रात जब आई तो अख़्तर हो गया

सिलसिला तेरे सितम का क्या कहूँ
दिल का आईना भी पत्थर हो गया

किस क़दर सुनसान है शहरे-वफ़ा
क्या कोई एलाने-महशर[1] हो गया

जो हुआ है तुझसे मह्वे-गुफ़्तगू
एक ही दिन में सुख़नवर हो गया

इस क़दर गर्दिश में गुज़री ज़िन्दगी
घूमते-फिरते मैं साग़र हो गया

ले गई मुझको कहाँ मेरी तलाश
अपनी हर इक हद से बाहर हो गया

आसमाँ ने छू लिए मेरे क़दम
आज मैं अपने बराबर हो गया

इश्क़ ने मानी वो पैदा कर दिए
हर्फ़ जो लिक्खा वो दफ़्तर हो गया

यूँ समुन्दर को समेटा 'अश्क' में
वो भी इक नायाब गौहर हो गया

---

1. प्रलय का ऐलान

100.

मैं ख़्वाबों में तो दरिया देखता हूँ
बहुत फिर ख़ुद को प्यासा देखता हूँ

वो कच्ची उम्र में बिछड़ा था मुझसे
मैं अब तक उसका रास्ता देखता हूँ

ज़मीनो-आसमाँ बारूद के हैं
जहाँ मैं अपना बच्चा देखता हूँ

मैं अपनी माँ की सूरत देखने को
फ़लक पर इक सितारा देखता हूँ

लगा लेता हूँ सीने से उसे मैं
कोई दुश्मन जो सच्चा देखता हूँ

ज़मीं पे सर झुकाता हूँ मैं अपना
फ़लक पर अपना सजदा देखता हूँ

वो कच्चा घर नज़र आता है अपना
कहीं जो एक तिन्का देखता हूँ

ये कैसी आग शहरों में लगी है
हर इक बस्ती में शोला देखता हूँ

नज़र में घूमते हैं जलते बच्चे
कहीं जो ख़ाली झूला देखता हूँ

सिमट आया नज़र में सारा आलम
कभी जब उसका चेहरा देखता हूँ

101.

रस्मे-वफ़ा की बात, बहुत देर तक चली
इक आश्ना की बात, बहुत देर तक चली

अपने हुनर की दाद, कोई भी न दे सका
उसकी अदा की बात, बहुत देर तक चली

आया बरस के आँख से, सावन गुज़र गया
काली घटा की बात, बहुत देर तक चली

कोई मेरे ख़ुलूस को समझा न आज तक
मेरी अना की बात, बहुत देर तक चली

ठहरा हुआ था शहर की गलियों में कारवाँ
आबो-हवा की बात, बहुत देर तक चली

जब तक किसी की ज़ुल्फ़ से ख़ुशबू उड़ी न थी
बादे-सबा की बात, बहुत देर तक चली

ख़ूँ से मेरे हुआ जो शफ़क़ रंग आसमाँ
रंगे-हिना की बात, बहुत देर तक चली

मेरे जुनूने-शौक़ को अच्छा नहीं कहा
उसकी हया की बात, बहुत देर तक चली

अब के बरस ज़मीन पे आए वो ज़लज़ले
क़हरे-ख़ुदा की बात, बहुत देर तक चली

बैठे थे मुझसे हार के, मिलकर जो दिलजले
मेरी ख़ता की बात, बहुत देर तक चली

102.

मर के जीने के सिलसिले थे बहुत
बेकसी में ये हौसले थे बहुत

मंज़िलों की कभी न की परवा
जिस तरफ़ भी चले, चले थे बहुत

हादसों में ये उम्र गुज़री है
हम भी तूफ़ान में पले थे बहुत

सारे आलम में है धुआँ अपना
दोस्तो हम भी दिलजले थे बहुत

कोई उलझन नहीं थी बातों में
शेर अपने ढले-ढले थे बहुत

रह गए हमसे जो बहुत पीछे
उनकी आँखों में हम खले थे बहुत

दुश्मनों को गले लगाया तो
हमने जाना कि फ़ासले थे बहुत

हम भी बदनाम इश्क़ में क्यों हैं
मीरो-ग़ालिब भी मनचले थे बहुत

एक, दो, तीन, चार, पाँच नहीं
इश्क़ में अपने सिलसिले थे बहुत

लोग कहते हैं हमको क्या मालूम
'अश्क' जी, आदमी भले थे बहुत

103.

हम सादा हैं ग़फ़लत करते रहते हैं
दुश्मन अपने हरकत करते रहते हैं

अपने फ़न को शौहरत मिलती जाती है
वो बेचारे हसरत करते रहते हैं

सारी दुनिया हमको चाहने वाली है
दिल वाले सब इज़्ज़त करते रहते हैं

हमने हुनर से मारा है मैदानों को
हारने वाले मुझसे नफ़रत करते रहते हैं

इतनी बुलन्दी क्यों हासिल है आज हमें
बौने लोग शिकायत करते रहते हैं

अपनी तो तहज़ीब मुहब्बत करना है
नफ़रत वाले, नफ़रत करते रहते हैं

बैठे-बैठे बच्चों से हँस बोल के हम
अपने घर को जन्नत करते रहते हैं

इक चिंगारी सारा मुल्क जलाती है
कुछ नादान शरारत करते रहते हैं

हर महफ़िल में ज़िक्र हमारा रहता है
शेर हमारी शौहरत करते रहते हैं

फ़ुर्सत किसके पास कि उलझे लोगों से
घर में 'अश्क' इबादत करते रहते हैं

104.

ठेस जब दिल को लगी आँख से छलके आँसू
बनते जाते हैं मेरे दर्द के जुमले, आँसू

दर्द की एक ही होती है जुबाँ दुनिया में
एक ही रंग के होते हैं सभी के आँसू

देख मासूम सा बच्चा जो कहीं रोता हो
हज्जे-अकबर[1] है अगर पोंछ दें उसके आँसू

एक पलड़े में रखे कोई अगर दोनों जहाँ
दूसरे पलड़े में रख दूँगा मैं माँ के आँसू

प्यास कहती है कि दरिया भी मुझे कम होगा
ज़ब्त कहता है कि चुपचाप तू पी ले आँसू

डूबने वाला कोई उनसे उभर ही न सका
सच यही है क समुन्दर से हैं गहरे आँसू

कभी शबनम, कभी मोती, कभी जुगनू की तरह
कितने जलवों में नज़र आते हैं बिखरे आँसू

हम तो क्या चीज़ हैं शातिर को भी दे जाएं फ़रेब
कितनी सच्चाई लिए होते हैं झूटे आँसू

बात आँसू की चली बज़्म में उनकी जब भी
हँस के वो बोल पड़े कौन से, कैसे आँसू

'अश्क' वो जब भी तसव्वुर में चले आते हैं
करने लगते हैं उन्हें टूट के सजदे आँसू

---

1. सबसे बड़ी तीर्थ यात्रा (हज)

नज़्में

तेरा रूप लिखा नहीं जाए...

धरती को काग़ज़ मैं बनाऊँ, सात समन्दर स्याही
सारे जंगल क़लम बनाऊँ, दूँ मैं तेरी गवाही
तेरा रूप लिखा नहीं जाए रे सजना, रूप लिखा नहीं जाए

गुण ही गुण है तेरे अंदर, मैं अवगुण की खान
मैं हूँ मूरख, रख ले मेरा, इस दुनिया में मान
उसका बेड़ा पार है जिसने, तेरी प्रीत निबाही
तेरा रूप लिखा नहीं जाए

तू स्वाति की बूँद है, मैं हूँ ख़ाली सीप कटोरा
मेरी साँस की आस है तू ही, तू है पवन झकोरा
मैं तेरे अहसास में पागल, तू मेरा हमराही
तेरा रूप लिखा नहीं जाए

तू मेरी ख़ुशबू का मौसम, उजली-उजली भोर
सारे तार मिले हों जिसके, हम वो रेशम डोर
तेरे मिलन से मिली है मुझको मंज़िल इक मनचाही
तेरा रूप लिखा नहीं जाए

तेरे दरस की प्यासी अंखियाँ, कोई झलक दिखा दे
चुपके से ख़्वाबों में आजा, मेरे ख़्वाब सजा दे
तेरे बंदों के क़दमों में है दुनिया की शाही
तेरा रूप लिखा नहीं जाए

बस वो राह सुझाना मुझको, तेरी ओर जो जाए
ऐसी राह न दिखलाना तू, दूर जो मुझसे जाए
तेरे रूप की धूप जहाँ हो, मैं उस पथ का राही
तेरा रूप लिखा नहीं जाए

कच्चा घर

पुराना यार जब मिलता है कोई पूछ लेता हूँ
वतन में वह जो कच्चा घर था मेरा अब वो कैसा है
वो सब मिट्टी की दीवारें, ज़रा जो सर से ऊँची थीं
कहीं आड़ी, कहीं तिरछी, कि जो बिल्कुल न सीधी थीं
थी उन पर एक छत लोहे के बेतरतीब पतरों की
वो पतरे आँधियाँ चलती तो अकसर उड़ भी जाते थे
कभी वो टूट जाते थे, कभी वो मुड़ भी जाते थे
नया ख़र्चा निकल आता था बारिश के ज़माने में
के गहने माँ के बिक जाते थे उस मौसम सुहाने में

उखड़ जाती थी दीवारें, बिगड़ जाता था घर सारा
सिमट जाता था इक कोने में सामाने-सफ़र सारा
कड़कती बिजलियाँ तो माँ के सीने से लिपट जाते
ख़ुशी से झूम उठते जबकि बादल सारे छट जाते
वो घर गर्मी के मौसम में कोई तंदूर बन जाता
ठिठुर जाते थे सर्दी में कि जाड़ा जब भी आता था
के कच्चा घर ही था, अपनी ज़मीं और आसमाँ अपना
कि जिसकी धूल-मिट्टी में बसा था इक जहाँ अपना

उसे माँ लीपती थी, पोतती थी और सजाती थी
के कच्चे घर को वो नादान एक जन्नत बनाती थी
मुहब्बत थी उसे, उस घर के एक-एक ज़र्रे-ज़र्रे से
के जिसकी धूल में इक रोज़ वो भी हो गई मिट्टी
जनाज़ा[1] जब उठा तो सब दरो-दीवार रोए थे
सहन में थी उदासी, ओटला मायूस लगता था
संभालेगा हमें अब कौन सब ही ने ये सोचा था
मिला इक उम्र का बनवास मुझको अपने उस घर से
जहाँ बचपन गुजारा, कट गया रिश्ता उसी दर से
वो कच्चा घर अज़ीज़ों ने मेरे अब बेच डाला है
ख़ुदा जाने वहाँ क्या हो गया, क्या होने वाला है

---

1. शव

जन्नत अपना देस...

जन्नत अपना देस है प्यारे, जन्नत अपना देस
सबकी आँख में आँसू देकर, मत जाना परदेस
जन्नत अपना देस है प्यारे...

ये फूलों के बाग़ निराले, लहराए हर डाली
ये फ़स्लों में खिली जवानी, खेतों में हरियाली
हर दरिया की मौज उठे है चंचल और मस्तानी
सारी फ़िज़ा है महकी-महकी पुरवा है दीवानी
गली-गली और घर आँगन में प्यार का है संदेस
जन्नत अपना देस है प्यारे...

खिले-खिले हैं चेहरे सारे, मेल अनोखा सब का
अपने देस में है ख़ुशहाली ये अहसान है रब का
ये आमों की अमराई और ये पीपल की छाया
हर गोरी है राधा जैसी, प्रेमी किशन कन्हैया
इस धरती पर आया ईश्वर बदल-बदल कर भेस
जन्नत अपना देस है प्यारे...

गीता और क़ुरआन की बानी से गूँजे माहौल
दिलवालों के अधरों पर है बोल सभी अनमोल
ग़ज़लों में दिल की गहराई, गीतों में अहसास
ज्ञान-ध्यान वो कहीं नहीं है जो है अपने पास
हमने उसको प्यार दिया जिस दिल को लगी है ठेस
जन्नत अपना देस है प्यारे...

मैं बंजारा...

मैं बंजारा गली-गली में, गाऊँ प्रेम के गीत
मैं न माँगूं चाँदी-सोना, माँगूं सबसे प्रीत
प्यार ही अपना धन-दौलत है, प्यार ही रुपया-पैसा
प्यार बिना जीवन का हर इक रंग बहुत है फीका
प्यार की रीत से कोई नहीं है बड़ी जहाँ की रीत
मैं बंजारा...

मैं आवारा, मैं अलबेला, मैं हूँ छैल-छबीला
अपने रंग में रंग दूँ सबको ऐसा रंग-रंगीला
जिससे हँस कर बोलूं, उसके मन को जाऊँ जीत
मैं बंजारा...

मैं जज़्बात के मोती लेकर निकला अपने घर से
जी चाहता है देखे कोई प्यार की एक नज़र से
जीवन की सुनसान डगर पर मिल जाए इक गीत
मैं बंजारा...

अपनी मस्ती, अपनी धुन में, गीत वफ़ा के गाऊँ
दिल ही दिल में सपने बुनकर फूलों सा मुस्काऊँ
हर इक दिल के तार को छेड़े ये मेरा संगीत
मैं बंजारा...

ऐसी चोट लगी रस्ते में, टूट गया दिल मेरा
बिछड़ गया अपनी मंज़िल से, उजड़ गया मेरा डेरा
आहें बन गईं जीवन मेरा, आँसू बन गए गीत
मैं बंजारा...

माँ

ज़मीं बनाई है जिसने फ़लक बनाया है
जो दो जहान की तख़लीक़ करने वाला है
वो छुप के बैठ गया माँ के एक परदे में
सलाम उस पे के जो माँ है सारे आलम की
है जिसकी कोख से तख़लीक़[1] नस्ले-आदम की
उसी ने क़ौम के पैग़म्बरों को जन्म दिया
उसी से दीन है, ईमान और मज़हब है
उसी के फ़ैज़[2] से सारा जहाँ मुहज़्ज़ब है
उसी की ज़ुल्फ़ का साया है आसमाँ की तरह
वही है छांव कड़ी धूप में दरख़्तों की
हर एक क़ौम पनपती है उसके साए में
हर एक मुल्क चहकता, जवान होता है
उसी की गोद में सारा जहान होता है

कभी जो मीठे सुरों में वो गुनगुनाती है
सुरूरो-कैफ़[3] बिखरता है सारे आलम में
समन्दरों के तलातुम[4] ठहरने लगते हैं
के थमने लगती हैं मौजें हर एक दरिया की
के आबशार भी मस्ती में गुनगुनाते हैं
हर एक डाल पे पंछी भी झूम उठते हैं

---

1. रचना 2. कृपा 3. खुशी और मस्ती 4. तूफ़ान

हवाएं उसकी सदा में सदा मिलाती हैं
फ़िज़ाएँ लोरियाँ उस माँ के साथ गाती हैं
के उसके बच्चे को कुदरत सुलाने आती है
लबों पे उसके तराने हैं ज़िन्दगानी के
ज़बाँ से प्यार का अमृत बरसता रहता है
नज़र में मेहरो-मुहब्बत के चाँद तारे हैं
जबीं है जैसे के अज़मत का आफ़ताब कोई
जहाँ का हुस्न है पिन्हाँ उसी की सूरत में
छुपा हुआ है खुदा माँ की अस्ल मूरत में

वो माँ के मामता जिसको न कोई तौल सका
कोई भी उसकी तरह प्यार से न बोल सका
हर एक दर्द जो सहती है, दुख उठाती है
मिटा के खुद को, जो औलाद को बनाती है
किसी के पास ये ईसार[1], ये वफ़ा ही नहीं
जो माँ के पास है औरों में वो अदा ही नहीं
इसीलिए तो जहाँ में अज़ीमतर माँ है
खुदा के बाद इबादत का एक दर माँ है
मेरा यक़ीन है जन्नत है माँ के क़दमों में
खुदा की सारी इनायत है माँ के क़दमों में

---

1. कुर्बानी

गाँधी तुम एक देश हो

गाँधी तुम एक व्यक्ति नहीं एक देश हो

और देश कभी मरते नहीं

तुम्हें मारने वाले ख़ुद मर जाते हैं

हर साल जो तुम्हारी तस्वीर पर गोलियाँ दाग़ते हैं

अपने-आप से वो ख़ुद भागते हैं

वो तुम्हारे हर साल अमर हो जाने से कितने डर जाते हैं?

गाँधी तुम एक विचार हो

जो एक इंसान से सैकड़ों, हज़ारों, लाखों

और करोड़ों लोगों की धड़कन बनते चले जाते हैं

विचार दिलों को गरमाते हैं, रूह को भरमाते हैं

और समाज में सदियों के लिए रच-बस जाते हैं

गाँधी तुम इस देश की मिट्टी, आबो-हवा और ख़ुशबुओं में

ऐसे रचे-बसे हो

के तुम्हें अलग करने की सोच बेमानी होकर रह जाती है

तुम तो महकते हो फूलों में

चहकते हो देश के बच्चों और परिंदों में

गुनगुनाते हो झरनों में, मचलते हो नदियों में

तुम्हारे विचारों की गहराई में

सातों समुन्दर डूबे हुए नज़र आते हैं

गाँधी! तुम वो आत्मा हो
जिसके सीधे तार परमात्मा से जुड़ जाते हैं
तुम जिधर मुड़ते हो, ज़माने उधर ही मुड़ जाते हैं
गाँधी! तुम सारी दुनिया के लिए
सत्य, अहिंसा और शांति का संदेश हो
युगों-युगों के लिए ईश्वर का आदेश हो
तुम शेष हो... विशेष हो...
गाँधी! तुम एक व्यक्ति नहीं एक देश हो
एक देश हो, एक देश हो, एक देश हो

दोहे

चन्दा में भी नूर है, सूरज में भी नूर
सब में जिसका नूर है, वो कितना भरपूर

बड़ी ख़ुदा की जात है, बड़ा ख़ुदा का नाम
बन्दे उसके नाम से, बन जाए हर काम

इश्क़ ख़ुदा से राखिये, जैसे चाँद चकोर
रहो किसी भी देस में, मन हो उसकी ओर

ऐसा मेरा प्यार है, जो है सब का प्यार
छोड़ा उसके प्यार में, मैंने ये संसार

धूप छाँव की ज़िन्दगी, सुख-दुख उसके खेल
वो खेले हर खेल को, कर ले उससे मेल

कठपुतली हर शख़्स है, साँस है लंबी डोर
ख़ूब नचा कर वो हमें, खेंचे अपनी ओर

मूँगा, मोती चुन लिये, पहन लिया पुखराज
मन का हीरा जब मिला, आई मोहे लाज

चिड़िया बैठ मुंडेर पर, बोले मीठे बोल
सुन बनिये इस बोल का, कर सकता है मोल

साहिब है अपनी जगह, माँ का अपना मान
सुन बनिये इस बोल का, कर सकता है मोल

आए मुसीबत जब कभी, ऐसे अक्सर आय
तांगे का घोड़ा कहीं, रस्ते में मर जाय

प्यासी थाली देखकर, बादल जड़-जड़ जाय
यह दुनिया की रीत है, तरसे को तरसाय

पनघट उजड़े गाँव के, ख़त्म हुई चौपाल
तहज़ीबें मिटने लगीं, चला वक़्त वो चाल

घर के अंदर आग है, बाहर है कुहराम
ऐसे में इस देश का, क्या होगा अंजाम

पास न उसके बैठना, चले नहीं जो साथ
मिले नहीं जो प्यार से, मिला न उससे हाथ

झूठा बोले जोर से, सच्चा धीमा होय
डरने वाला आप ही, अपना धीरज खोय

तोते का क्या बोलना, रटे हुए सब बोल
कोयल जैसे गीत गा, दुनिया जावे डोल

बनना है जो बाज बन, ऊँची रहे उड़ान
मुर्गे़ की क्या ज़िन्दगी, कव्वे की क्या शान

शौहरत के भूखे हुए, शायर और अदीब
बस ऐसे ही दौर में, मिटती है तहज़ीब

कड़वा है माहौल तो, मीठी बोली बोल
बोली ऐसी चीज है, मन जाता है डोल

आमों की अमराइयाँ, बरगद की वो छाँव
धूप जो देखी शहर की, याद आता है गाँव

संगत ऐसी कीजिए, मिले ज्ञान का दान
नादानों में बैठना, ख़ुद का है अपमान

तन्हा घर में कामिनी, पिया मिलन की आस
हर पल जैसे इक सदी, बढ़ती जाये प्यास

चंद लकीरों में छुपी, इक-इक पल की बात
ज्योतिष हो तो देख लो, ख़ुद ही अपना हाथ

कहीं चिता की आग है, कहीं दीप की जोत
इक चिंगारी ज़िन्दगी, इक चिंगारी मौत

कुछ रेखाएं हाथ की, कुछ माथे का लेख
भाग अगर है बांचना, दोनों पढ़कर देख

जग की भाषा जो पढ़े, वो पंडित कहलाए
मन की भाषा जो पढ़े, पंडित से बढ़ जाए

अंदर बाहर एक सा, जो सबसे बेबाक
काबा वो दिल जानिये, रहे हसद से पाक

हासिद की क्या ज़िन्दगी, जलना ही बस काम
दिल ही दोजख़ होय तो, क्या आए आराम

लिखे-पढ़े मूरख हुए, ज़िद है ऐसा रोग
अपनी ज़िद जो छोड़दें, ज्ञानी हैं वो लोग

तप ले दुख की आग में, तपे न ऐसा क्रोध
तपता है जो धूप में, वो फल मीठा होय

उतनी फैले रोशनी, जिसका जितना नूर
सूरज सबके घर गया, रहकर सबसे दूर

ख़र्च न कोई आएगा, हँस के कर ले बात
इसी बात से सूरमा, खा जाते हैं मात

क़द्र ना जाने लाल की, सदा रहे बदहाल
लाल में ऐसे लाल हैं, कर दें मालामाल

दुख हरले औलाद का, सुख की कर दे छाँव
जल जा जलती धूप में, काँटों पर रख पाँव

सच का साथी है ख़ुदा, सच से नाता जोड़
छूट जाएंगे ऐब सब, झूठ बोलना छोड़

कामिल जब इन्साँ हुआ, आ पहुँची है मौत
सहर हुई तो आप ही, बुझ गई दीप की ज्योत

झूठी शौहरत के लिए, खेले खेल अजीब
मुर्दों की मीरास पर, मूरख बने अदीब

काम जो ऊँचा कर गया, रहा उसी का नाम
नाम नहीं होता कभी, चाहे खरचें दाम

इल्मो-अदब के नाम पर, जो कोरा नादान
मोती भी उसके लिये, सब हैं रेत समान

हाथों में नादान के, देना नहीं किताब
फेंकेगा वो फाड़ के, हर सफ़हा नायाब

मध्यम सुर में बोलिए, मीठे-मीठे बोल
शहनाई मन लूट ले, शोर करे बस ढोल

उस्तादी करने लगे, सब ऐसे उस्ताद
पढ़े ग़ैर की शायरी, और माँगे है दाद

ग़ैरत वाला जाए है, चुल्लू में भी डूब
बेग़ैरत के वास्ते, नहीं समन्दर ख़ूब

परबत से टकराएगी, कैसे पग की धूल
उड़ कर ख़ुद ही जाएगी, अपना रास्ता भूल

भोले-भाले लोग हैं, सुंदर-सुंदर नार
ऐसी मिट्टी गाँव की, जिसमें प्यार ही प्यार

हर युग में मौजूद थे, झूठे-सच्चे लोग
मिल जाते हैं आज भी, कुछ तो अच्छे लोग

इतना अच्छा भी नहीं, दुनिया का इतिहास
टूटा है हर दौर में, लोगों का बिस्वास

पैग़म्बर आए गए, उतरीं चार किताब
दुनिया बिगड़ी और भी, कहाँ अदब आदाब

रुबाईयाँ

इक क़तरा-ए-दरिया है तो दरिया हो जा

इक ज़र्रा-ए-सहरा है तो सहरा हो जा

इस तरह गुज़र 'अश्क' हदों से अपनी

इक शख़्स अगर तू है तो दुनिया हो जा

पत्तों में हवा है, तो ख़ुदा भी होगा

पत्थर में सदा है, तो ख़ुदा भी होगा

जुगनू में चमक, ख़ुशबू है अगरचे गुल में

हर शै में अदा है, तो ख़ुदा भी होगा

माँ जैसी मोहब्बत न मिलेगी यारो

माँ जैसी इनायत न मिलेगी यारो

मिल जाएगी हर चीज़ जहाँ में लेकिन

माँ जैसी हक़ीक़त न मिलेगी यारो

महबूब की चाहत तुझे मिल जाएगी

क़ारून[1] की दौलत तुझे मिल जाएगी

ममता न मिलेगी, न मिलेगी हरगिज़

माना के हुकूमत तुझे मिल जाएगी

---

1. सबसे धनवान

सूफ़ी हूँ, क़लंदर हूँ, ख़ुदा वाला हूँ
मैं अज़्मते-इन्साँ की अदा वाला हूँ
जो अह्ले-नज़र हैं वो समझते हैं मुझे
इक बंदा-ए-बेदाम वफ़ा वाला हूँ

हर मोड़ पे बस माइले-परवाज़ रहे
चुप रह के भी हम वक़्त की आवाज़ रहे
दिल अपना कई बार ये टूटा है मगर
ये काम तो नहीं है के जहाँ साज रहे

मैं अपने उसूलों पे जिया करता हूँ
मर्ज़ी से हर एक काम किया करता हूँ
परवाह नहीं मुझको किसी मंज़िल की
पीछे मैं उसे छोड़ दिया करता हूँ

अश्कों का उमड़ना नहीं देखा जाता
ज़ख़्मों का उधड़ना नहीं देखा जाता
गुलशन हो, भरा घर हो, के दिल हो कोई
हमसे तो उजड़ना नहीं देखा जाता

ले, दिल तो मोब्बत का मज़ा आएगा
दे, दिल तो मोहब्बत का मज़ा आएगा
सच बात तो ये है के तेरे सीने में
है, दिल तो मोहब्बत का मज़ा आएगा

मैदान में तलवार से खिलवाड़ न कर
मंझधार में पतवार से खिलवाड़ न कर
रखना है अगर अम्न वतन में अपने
लोगों के अधिकार से खिलवाड़ न कर

रंगीन ख़यालों में थिरकती है ग़ज़ल
हर फ़िक्र में ख़ुशबू सी महकती है ग़ज़ल
लिखता है जिसे अपने लहू से शायर
तारीख़ में वो 'अश्क' चमकती है ग़ज़ल

मज़हब की सियासत को मिटा दे मौला
आपस की अदावत को मिटा दे मौला
है आग जहाँ, अम्न की बारिश कर दे
इस देश से नफ़रत को मिटा दे मौला

नफ़रत की जगह पैदा मुहब्बत कर दे
वहशत को गली कूचों से रुख़सत कर दे
ऐ 'अश्क' ख़ुदा से ये दुआ है अपनी
हर बस्ती मेरे देश की जन्नत कर दे

सरसब्ज़ हो, शादाब चमन हो मेरा
पुर-अम्न ये धरती, ये गगन हो मेरा
मंज़र न हो लाखों के गली-कूचों में
ख़ुशहाल हमेशा ये वतन हो मेरा

तारीफ़ जो ज़ालिम की किया करते हैं
वो लोग ख़ुशामद पे जिया करते हैं
ऐ 'अश्क' मर जाता है जिनका ज़मीर
हर जुल्म की वो दाद दिया करते हैं

वो बात जो नफ़रत को हवा देती है
मुल्कों की तरक़्क़ी को मिटा देती है
माहौल की दहशत का अजब है तूफ़ाँ
अख़बार की सुर्ख़ी भी डरा देती है

हिन्दू न मुसलमान की बातें कीजे
अल्लाह न भगवान की बातें कीजे
ईमान की एक बात मैं कहूँ तुमसे
इन्सान हैं, इन्सान की बातें कीजे

इंसान की बस्ती में शैतान का राज
नीलाम हुई जाए तहज़ीब की लाज
घर जिनके लुटे हैं वो पूछें किससे
है कौन मुहाफ़िज़, ये किसका है राज

चुप मेरी ज़ुबाँ को नहीं रहने देता
ज़ालिम का कोई ज़ुल्म नहीं सहने देता
ऐ 'अश्क' किसी हाल में ये मेरा ज़मीर
क़ातिल को मसीहा नहीं कहने देता

दुनिया से ग़रज़ हम न कोई रखते हैं
नफ़रत के किसी फल को नहीं चखते हैं
चलते हैं सदाक़त की डगर पर हरदम
हम ऐसे मुसाफ़िर हैं नहीं थकते हैं

अल्फ़ाज़ से तहरीर बना लेता हूँ
अहसास की ज़ंज़ीर बना लेता हूँ
होता है लहू-रंग कोई ज़ख़्म अगर
मैं दर्द की तस्वीर बना लेता हूँ

पुरखों से तो विरसे में हमें कुछ न मिला
जो फूल खिला अपनी ही मेहनत से खिला
ख़ुश हैं के दिया कुछ तो जहाँ को हमने
माँगा है न माँगेंगे कोई इसका सिला

बहता हुआ दरिया मेरे सागर में है
सिमटा हुआ अफ़लाक भी चादर में है
मैं हूँ वो क़लंदर के सफ़र में हरदम
हर एक समन्दर मेरी गागर में है

मज़लूम की आहों का असर होता है
हर आह में अंदाज़े-शरर होता है
मिट जाती है ज़ालिम की हुकूमत सारी
जब क़हरे-इलाही का गुज़र होता है

ये लोग जो नफ़रत को हवा देते हैं
हर शहर में क्यूँ आग लगा देते हैं
जन्नत से हसीं मुल्क है अपना लेकिन
दोज़ख़ इसे कुछ लोग बना देते हैं

चालें नई चलता है, औरत का मिज़ाज
सौ रंग बदलता है, औरत का मिज़ाज
इंसान भला कैसे समझ सकता है
मौजों सा मचलता है औरत का मिज़ाज

क़तरा नहीं क़तरे में समन्दर है अश्क
जम जाए जो सोने में तो गौहर है अश्क
पलकों में ठहर जाए तो सागर है अश्क
गिर जाए तो सहरा के बराबर है अश्क

हालात से मजबूर भी हो जाते हैं
दुनिया में जो तूफ़ान से टकराते हैं
जब हार का होता है तजुरबा कोई
फिर जीत के आदाब नए आते हैं

पत्थर है, नज़ाकत से उसे प्यार नहीं
जज़्बात से कोई भी सरोकार नहीं
फिर तल्ख़ हुआ एक तजुरबा हमको
इक यार मिला वो भी वफ़ादार नहीं

वो लोग जो दुनिया पे सितम ढाते हैं
अपने ही फ़रेबों में उलझ जाते हैं
होता है अज़ाब ऐसा नाज़िल उन पर
तन्हाई में साए से भी डर जाते हैं

मज़ाहिया

ऐसे दिखाए जम के हथौड़े के जैसे हाथ
शौहर के सर को उसने नगाड़ा बना दिया
शादी जो पहलवान की बेटी से हो गई
सारे ही घर को उसने अखाड़ा बना दिया

इक बार सब्ज़ी लाने को बेगम ने जो कहा
बोला डपट के आलू, टमाटर नहीं हूँ मैं
ताकीद कर रहा हूँ तुझे पहली बार सुन
शौहर हूँ, तेरे बाप का नौकर नहीं हूँ मैं

छ: बीवियाँ जो छोड़ के उनको चली गईं
पूछा ये दोस्तों ने मियाँ तुमने क्या किया
बोला कि हमसे और तो कुछ भी नहीं हुआ
पर बीवियों के नाम से छक्का लगा दिया

फ़ैशन नया चला है ये है सबकी आरज़ू
मल्लिका जैसे कपड़े हमारे भी छाँट दो
अब ब्यूटी पार्लर में ये कहती हैं लड़कियाँ
धोनी के जैसे बाल हमारे भी छाँट दो

वो शेरनी तो देख के झिंगुर को डर गई
बीवी ने अपने नाम पे बट्टा लगा दिया
जब से खुला ये राज़ तो हम शेर बन गए
झिंगुर मियाँ ने नींद से हमको जगा दिया

इक दिन जो मैंने उसको करेले की माँ कहा
हलवा बना के उसने खिलाया नहीं कभी
बीवी को भैंस कहने का अंजाम देखिये
फिर उसने मुझको दूध पिलाया नहीं कभी

भूले से इक निगाह जो मोटी पे पड़ गई
बोली वो हँस के मुझसे के शादी रचाएगा
मैं जानती हूँ दाँव सभी जीत हार के
क्या तू सुहागरात में पंजा लड़ाएगा

बेजा सुलूक करती हैं ख़िदमत के नाम पर
कपड़े भी ठीक से नहीं धोती हैं बीवियाँ
शौहर का खा के करती हैं तारीफ़ बाप की
कितनी नमक हराम ये होती हैं बीवियाँ

हमने क़सीदा लिख दिया बीवी की शान में
उसने वो जाके बाप को अपने सुना दिया
कुछ इस तरह से दाद दी अब्बा हुज़ूर ने
कितना शरीर है तुझे उल्लू बना दिया

घुट्टी अजब पिलाती हैं माडर्न लड़कियाँ
दुल्हन जो घर में आई हुआ तजरुबा नया
माँ-बाप के लिये जो हमेशा ही शेर था
शादी के बाद बेटा वही गाय बन गया

परेशाँ हाल है जिस रोज़ से लड़की फंसाई है
शराफ़त नाम है लेकिन कमीनों का जमाई है
के माँ लड़की की है चण्डाल, उसका बाप डाकू है
इधर गहरा कुआं है तो उधर भी गहरी खाई है

जंगल में एक रोज़ कहीं बुश भटक गया
लगने लगी जो भूक तो चारा ही खा गया
देखा जो बंदरों ने तो बोले ये सबके सब
जंगल में अपना बिछड़ा हुआ भाई आ गया